融资约束对中国企业对外
直接投资的影响研究

薛新红　著

中国财经出版传媒集团

经济科学出版社
Economic Science Press

图书在版编目（CIP）数据

融资约束对中国企业对外直接投资的影响研究/
薛新红著.—北京：经济科学出版社，2020.3
ISBN 978-7-5218-1373-9

Ⅰ.①融…　Ⅱ.①薛…　Ⅲ.①企业融资－影响－
对外投资－直接投资－研究－中国　Ⅳ.①F279.23

中国版本图书馆 CIP 数据核字（2020）第 040304 号

责任编辑：程辛宁
责任校对：张　萌
责任印制：邱　天

融资约束对中国企业对外直接投资的影响研究

薛新红　著

经济科学出版社出版、发行　新华书店经销
社址：北京市海淀区阜成路甲 28 号　邮编：100142
总编部电话：010-88191217　发行部电话：010-88191522
网址：www.esp.com.cn
电子邮箱：esp@esp.com.cn
天猫网店：经济科学出版社旗舰店
网址：http://jjkxcbs.tmall.com
固安华明印业有限公司印装
710×1000　16 开　11.75 印张　200000 字
2020 年 3 月第 1 版　2020 年 3 月第 1 次印刷
ISBN 978-7-5218-1373-9　定价：68.00 元
（图书出现印装问题，本社负责调换。电话：010-88191510）
（版权所有　侵权必究　打击盗版　举报热线：010-88191661
QQ：2242791300　营销中心电话：010-88191537
电子邮箱：dbts@esp.com.cn）

前　言

2003 年以来中国对外直接投资出现爆发式增长，2015 年到达 1456.7 亿美元[①]，成为仅次于美国的世界对外直接投资第二大国。虽然相比全球 1.47 万亿美元的总流出量来说，这个数字并不大，但是中国如此大规模的对外直接投资是在其经济发展水平还比较低的阶段实现的。中国在较低经济发展水平上大规模开展对外直接投资有其现实的背景和必要性。自 2014 年以来，中国经济面临着稳增长和调结构的双重压力。无论是寻求新的经济增长极，还是重构国际贸易版图、助力实体经济发展、获取国内经济发展紧缺的资源，或者消化过剩产能和过于庞大的外汇储备，都使得中国企业"走出去"成为一种必然选择。与此同时，开拓国际市场和高端转型的迫切需求也驱动越来越多的中国企业在全球范围内配置资本。在金融危机以后，一些高收入国家提出了"再工业化"政策，重点发展新兴产业，以扩大出口来带动经济复苏，缓解就业压力。在新一轮的工业化进程中，中国要想在未来的国际分工中处于有利地位，就不得不集中资源、集中精力发展新兴

---

① 《2015 年度中国对外直接投资统计公报》。

产业。对外直接投资则是中国企业进一步开拓世界市场、获取国际先进技术，并通过技术反向溢出促进国内产业升级的重要途径之一。

"走出去"的过程并非一帆风顺，融资难成为中国企业，尤其是非国有企业对外直接投资中的瓶颈。相比政府对国际化进程的积极推进，配套的金融体制改革却仍显滞后，中国企业在"走出去"的过程中面临融资难的困境。融资约束下什么样的企业参与对外直接投资，融资约束是否改变企业对外直接投资的生产率准入门槛，以及改变的方式和程度；融资约束如何影响企业对外直接投资时的区位选择，这种影响会有怎样的现实意义；融资约束如何影响企业对外直接投资过程中向价值链高端延伸的能力。本书正是基于对上述问题的思考和具体研究。

金融制度的安排和相关政策可能扩大或者缩小企业对外直接投资的空间。一国的制度环境，例如，经济体制、政治体制、社会结构等也是影响一国开展国际化活动的重要影响因素，是构成一国比较优势的重要来源。在过去的几十年，中国金融体系已经发生了巨大的变化，但是中国企业依然面临较为严峻的融资约束，阻碍了企业国际化的步伐。实现利益最大化是驱动企业国际化的根本动机。这些利益不仅包括可以用货币衡量的经济利益，更包含影响企业未来成长机会和发展空间的非经济利益。微观企业的对外直接投资活动反映了母国在全球经济活动中的地位以及国内产业结构，反过来也会影响母国未来经济发展的方向。融资约束则会改变企业在对外直接投资中的准入门槛。融资约束的制约下，企业对外直接投资的区位选择变得被动，难以实现最优，进而无法借助不同区位上的优势资源实现价值链攀升。因此，对于希望建设"制造强国"、从"中国制造"走向"中国创造"的中国企业而言，改善融资环境、缓解融资约束尤显重要。

本书细致地刻画了融资约束条件下，企业对外直接投资生产率准入门槛的形成过程，区位选择的决策变化以及价值链环节选择的一般规律。实证研究以中国企业为样本，揭示了融资约束下中国企业对外直接投资的生产率准入门槛、区位选择以及价值链环节的分布特征。以期从融资角度来解释我国企业的对外直接投资活动的特殊性，为企业的投资决策提供参考，为中国政府和相关部门制定"走出去"战略的支持性政策提供理论指导，为金融体系提高对外直接投资活动的服务效率提供参考，助推中国企业更好地开展对外直接投资。

目　录

第一章

绪 论

第一节 研究背景与意义

一、研究背景

中国对外直接投资 （outward foreign direct investment，OFDI） 迅速增长，已经成为中国经济活动中的重要组成部分。随着"一带一路"建设的积极推进和投资便利化进程的加快，中国企业"走出去"的内生动力不断增强。2015 年中国对外直接投资流量为 1456.7 亿美元，较 2014 年增长 18.3%，其中非金融类对外直接投资为 1214.2 亿美元，占比 83.4%，同比增长 13.3%。截至 2015 年底，中国有 2.02 万家对外直接投资者（即母公司）在境外共设立了对外直接投资企业 3.08 万家，境外企业资产总额达到 4.37 万亿美元。2015 年末中国对外直接投资存量到达 10978.6 亿美元，其中非金融类对外直接投资存量为 9382 亿美元，占比 85.5%。[①] 2015 年全球外国直接投资流出流量为 1.47 万亿美元，年末存量为 25.04 万亿美元，比 2014 年略有下降。以该数据为基础计算，中国 2015 年对外直接投资的流量和存量分别占到全球的 9.4% 和 4.4%，流量在美国之后位列全球第 2 名，比 2014 年上升一个名次，存量位列全球国家（地区）第 8 名。[②] 相比全球 1.47 万亿美元的总流出量来说，中国对外直接投资的规模并不大，但是中国如此大规模的对外直接投资是在其经济发展水平还比较低的阶段实现的。按照联合国贸易和发展会议（UNCTAD）2006 年给出的对外直接投资阶段分界点，人均 GDP 达到 10000 美元后对外直接投资流速才会加快，人均 GDP 要达到 25000 美元后资本流出规模和增速才会超过资本流入，然而中国 2016 年的人均 GDP 仅为 8200 美元。

中国在较低经济发展水平上大规模开展对外直接投资有其现实的背景和必要性。自 2014 年以来，中国经济面临着稳增长和调结构的双重压力。无论是寻求新的经济增长极，还是重构国际贸易版图、助力实体经济发展、获取国内经济发展紧缺的资源，或者消化过剩产能和过于庞大的外汇储备，都使得中国企业"走出去"成为一种必然选择。中国国内生产要素成本不断上升，以劳动力成本为例，相比东南亚国家，即使与东盟国家中劳动力成本最高的印度尼西亚相比，中国各级雇员的基本工资仍要高出 5%~44%。[③] 加之人口老龄化问题日渐严峻，中国正在失去传统的低成本优势。与此同时，开拓国际市场和高端转型的迫切需求也正在驱动越来越多的中国企业在全球范围内配置资本。在金融危机以后，一些高收入国家提出了"再工业化"政策，重点发展新兴产业，以扩大出口来带动经济复苏，缓解就业压力。在新一轮的工业化进程中，中国要想在未来的国际分工中处于有利地位，就不得不集中资源、集中精力发展新兴产业。对外直接投资则是中国企业进一步开拓世界市场、获取国际先进技术，并通过技术反向溢出促进国内产业升级的重要途径之一。中国十多年来的经济增长表现为投资驱动型模式，但是过度依赖投资促进经济增长也成为中国经济面临的主要风险。中国经济最大问题是投资在国内生产总值中的比重过高，而消费对经济增长的贡献度过低，经

---

① 《2015 年度中国对外直接投资统计公报》。
② 联合国贸易和发展会议（UNCTAD）2016 年世界投资报告。
③ 全球人力资源咨询公司韬睿惠悦（Willis Towers Watson）：《2015/2016 年全球 50 国薪酬计划报告》，https://mt.sohu.com/20160425/n446086476.shtml。

济增速放缓表明中国经济增长模式已开始感受到转型压力。[①] 中国的投资占GDP 的比重远高于亚洲其他经济体在各自快速工业化时期的水平，投资过度与压抑消费威胁中国经济长期稳定。"一带一路"沿线大多为基础设施薄弱的低收入国家，因此，亚洲基础设施投资银行以及以"一带一路"为依托的对外直接投资既有利于促进"一带一路"沿线国家的建设，也有助于释放中国国内的过剩产能。

"走出去"的过程并非一帆风顺，融资难成为中国企业，尤其是非国有企业对外直接投资中的瓶颈。其实，即使是在发达的西方国家，融资摩擦对投资的抑制作用也广受关注。对于处于转型中的中国而言，由于金融体制不健全企业可能面临更大的融资难问题，减缓对外直接投资的步伐，甚至改变对外直接投资的战略目标定位。2013 年，中国国际贸易促进委员会（简称贸促会）对中国企业对外直接投资情况及意向的问卷调查显示，22.7% 的非国有企业认为融资困难是其国际化经营的瓶颈，国有企业中这一比例为14.2% 。由于调查方式采用抽样调查，企业样本来自国泰安数据库和贸促会会员企业，且参与实施调查的贸促会分会为自愿报名，得到的有效回复样本主要来自山东、河南、上海、广东和江西。样本企业较多来自中国经济较为发达的沿海地区，也更有可能从事对外直接投资，因此以这类企业为基础可能低估了中国企业面临的融资难问题。

在中国企业大规模"走出去"和"融资难"背景下，自然会产生以下的问题。融资约束是如何影响企业对外直接投资决策的，或者在融资约束条件下，企业对外直接投资决策是如何进行和产生的。融资约束会对企业的对外直接投资战略目标产生怎样的影响。融资约束是否使得企业不得不放弃更优的区位选择、更优的价值链链节，进而放弃在全球配置资源、获取先进技术和占据价值链高端的机会。

二、研究的现实意义

本书在经典的异质性贸易理论框架下，将企业对外直接投资决策与融资

[①] 王宗凯、蒋旭峰、卢朵宝：《美智库专家认为经济增长再平衡是中国重要议题》，载于《经济参考报》2012 年 12 月 20 日。

约束纳入进来，深入分析融资约束在企业对外直接投资决策过程中发挥的作用及其程度，不但涉及什么样的企业进行对外直接投资的问题，还要回答融资约束对企业对外直接投资区位选择和价值链延伸的影响，与当前中国积极推进的"走出去"战略、产业升级、技术进步、改善民生等问题息息相关。

首先，研究融资约束对企业对外直接投资的影响对母国经济发展和产业结构具有重要的意义，如果对外直接投资具有促进一国经济发展、产业结构升级和技术进步等作用，那么融资约束的存在将会通过制约对外直接投资来影响一国的经济发展和进步。理论界和学术界对对外直接投资与母国经济之间的关系早有研究。虽然伴随对外直接投资而来的资本外流、产业外移、就业机会减少等引发人们对对外直接投资的忧虑甚至反对。但是大量的研究也表明，对外直接投资与母国经济发展之间存在长期的互为因果的关系，即经济发展促进对外直接投资增长，反过来，对外直接投资的增加也会促进经济发展。对外直接投资对母国经济的积极影响主要表现在，长期来看对外直接投资可以促进母国国内产出增长、促进全要素生产率的提高，对高收入国家的对外直接投资可以促进母国劳动力结构升级、促进国内投资、促进出口贸易等。

金融制度的安排和相关政策可能扩大或者缩小企业对外直接投资的空间。一国的制度环境，如经济体制、政治体制、社会结构等也是影响一国开展国际化活动的重要影响因素，是构成一国比较优势的重要来源，已有研究表明在金融发展水平较高的国家（地区），企业更易从事出口或者对外直接投资等国际化活动。对于那些对外部融资依存度高的行业而言，金融发展好的国家（地区）的企业更具有竞争优势，更易对外直接投资。这是由于相比国内投资，对外直接投资的成本更高、风险更大，对一国金融发展水平的要求也更高。虽然在过去的几十年，中国金融体系已经发生了巨大的变化，但是中国企业依然面临较为严峻的融资约束，阻碍了企业国际化的步伐。2006年世界银行旗下的国际金融投资公司、多边投资担保机构（MIGA）和外国投资咨询服务机构（FIAS）联合发布的《中国对外投资公司调查报告》显示，有限的资金来源是阻碍企业对外投资的主要原因之一。2008年国务院办公厅发布的《关于当前金融促进经济发展的若干意见》中指出，允许商业银行对境外企业发放并购贷款；2009年起根据国家外汇管理局的规定，符合条件的境内企业可以向其境外机构放款，并于2012年进一步放宽了境外放款的审批。

此外，对于国家鼓励的境外重点投资项目，每年安排"境外投资专项贷款"。尽管如此，依然存在的问题是，大部分的企业，尤其是地方企业、民营企业是享受不到这些政策优惠的，在金融体系不健全的条件下通过市场化途径获得对外直接投资需要的资金也存在困难。

其次，融资约束的存在不只是影响了企业是否可以进行对外直接投资，还会进一步影响企业对外直接投资的区位选择和价值链链节的选择，这对于希望建设"制造强国"、从"中国制造"走向"中国创造"的中国企业而言尤显重要。20 世纪 90 年代之后，中国通过加工制造业逐渐融入全球分工体系和生产网络，从低附加值环节的组装和装配做起，凭借劳动力成本优势获得了广阔的发展机会。随着学习能力的增强、创新水平的提高，中国的制造业开始了从"微笑曲线"底部最低端的组装装配环节向曲线两端高附加值环节的扩张。这些高附加值环节主要涉及曲线两端的能源和资源供应以及研发，曲线中部的销售配送和营销网络与人才。由于研究、品牌、营销等在地理上的不可分割性，对外直接投资，尤其是向高收入国家进行的跨国并购成为中国企业获取这些战略性资产的重要途径。然而，缺乏足够的资金支持成为制约许多企业进行对外直接投资的瓶颈。能否向价值链两端移动不但关系到企业是否能够获得更大的价值链上的增加值，还关系到企业供应链的安全、投资风险的控制以及自主品牌的建设。由于生产性服务类对外直接投资的主要目的之一是促进国内生产和出口，因此，通过阻碍中国企业走向价值链的高端，融资约束将会抑制国内生产和投资，削弱出口对经济增长的拉动作用，加大国内投资和经营风险。

融资约束关系到"走出去"战略是否能够顺利实施，也关系到中国企业是否能够实现转型升级，进一步提高生产率和在全球生产链条中的地位和竞争力。研究融资约束在企业对外直接投资中发挥作用的方式和程度，将有助于明晰中国的金融体制改革的方向，发挥金融制度在对外直接投资中的积极作用。

三、研究的理论意义

首先，本书的研究将进一步提供融资约束影响对外直接投资的微观机理和证据。已有的理论研究将企业对外直接投资成本的形成过程进行了简化，没有区分不同的投资项目的成本差异，以及由此导致的不同融资需求和融资约束程度差异。虽然这一简化的分析过程在实证分析中也得到了很好的验证，但是依然存在的问题是，如果融资约束的存在提高了对外直接投资的生产率门槛，那么生产率与融资能力之间是否可以相互替代，以及如果不同对外直接投资项目的成本具有差异时，融资约束与生产率的作用方式会发生怎样的变化，二者之间的关系是怎样的。本书在理论分析中将企业对外直接投资的决策进行分解，证明了企业跨过一定的生产率准入门槛后，融资约束开始发挥作用，作用的程度取决于对外直接投资项目的特征。企业所要跨过的生产率准入门槛是进行最低成本对外直接投资项目时的生产率门槛，它由无融资约束条件下进行最低成本对外直接投资需要的生产率水平决定，并随着融资约束的出现而上升。对外直接投资的生产率准入门槛不会由于融资约束的消失而消失，虽然会由于融资约束的减弱而降低，但下降的幅度有限。对于跨过了这一生产率准入门槛的企业，融资约束与生产率的作用会随着投资项目成本的变化而改变，投资项目成本越低，二者的作用就越小，反之，作用上升。从理论上证明了在实证分析中出现的现象，即对外直接投资企业的生产率总会高于非对外直接投资企业，但是投资高收入国家的企业的生产率不一定高于投资低收入国家的企业，原因是生产率不再是唯一决定对外直接投资的因素，融资约束以及投资成本同样重要。

其次，本书进一步从理论上分析了为什么以成本优势参与全球分工的中国企业对高收入国家的投资迅速增长，融资约束对企业的这种区位选择会产生怎样的影响及其产生的经济意义。从不同区位中的消费者的需求偏好和产品生产成本出发，理论分析表明对于那些专注于生产更多、更好差异化产品的企业而言，高收入国家是更为理想的投资目的地，生产率与生产差异化产品的能力之间存在补偿机制，从而降低向高收入国家投资的生产率准入门槛，但是融资约束会对在生产差异化产品方面不同能力的企业产生非对称的影响，即融资约束提高了企业向高收入国家投资的生产率门槛，而且企业越专注于差异化产品的生产，则融资约束的影响越大。这意味着高端制造业企业更难以通过向高收入国家投资获取技术进步，而以期通过对外直接投资加速产业结构调整和升级的国家发展战略目标也将受到阻碍。对于向低收入国家直接投资的企业而言，融资约束同样提高了投资的生产率门槛，而且企业产品的差异化程度越高，越难以借助低收入国家的低成本优势。

最后，通过理论机理分析证明位于"微笑曲线"底部的国家，通过对外直接投资向"微笑曲线"两端延伸、进行价值链升级时，融资约束产生负向作用。就中国对外直接投资的实际而言，向价值链的高端移动还是带动国内投资、生产和出口的重要途径，将使企业在全球分工合作中变被动为主动、获得更多的主导权、提高投资收益、提高抗风险能力。事实上影响价值链升级的对外直接投资与对外直接投资的区位选择密切相关。当融资约束降低向高收入国家投资的能力时，也相应地阻碍对外直接投资的价值链升级的功能。

总之，本书的理论部分刻画了融资约束改变对外直接投资的生产率准入门槛的过程，以及融资约束对对外直接投资区位选择和价值链升级功能的影响，从融资约束角度为中国政府及企业提供制定对外直接投资政策的理论基础和经验指导。

第二节　研究内容与方法

一、研究内容

中国实施"走出去"战略之后，尤其是金融危机爆发以来和"一带一路"倡议的推进，中国企业的对外直接投资急剧扩张，无论是在制度质量和收入水平较高的国家进行生产性服务类投资，或者在制度质量较低、成本较低的国家进行的能源和生产制造类跨国投资都日趋增多。在劳动力成本不断上升、供应链瓶颈制约、市场分割、有限需求等压力下，中国企业想要长期生存，对外直接投资不但是一种可行的战略，而且是必需的选择。然而在企业对外直接投资过程中融资约束构成了重要的影响因素和阻碍。在这样的背景下，本书要回答以下三个问题。第一，融资约束如何影响对外直接投资中的生产率准入门槛，提高企业"走出去"的难度；第二，融资约束如何影响企业对外直接投资中的区位选择；第三，融资约束如何影响企业通过对外直接投资实现价值链延伸。在回答以上问题的基础上提出对策建议，为理论界、政府和企业在对外直接投资政策上提供理论和经验依据。

这三个问题是一个有机的整体。无论是否对外直接投资，融资约束都是企业在生产经营过程中可能面临的问题。它对企业的生产率、对外直接投资区位选择以及价值链延伸能力都具有影响。在对外直接投资中，融资约束会提高对外直接投资的生产率准入门槛，使得部分企业失去进行国际化经营的机会。由于不同区位和价值链链节上的经营活动对资金的需求不同，企业的融资能力便可以影响企业对外直接投资中的区位选择和价值链链节选择。生产率、区位选择与价值链链节选择之间既相互联系，又有区别。区位选择会影响到生产率准入门槛的高低，同时反映企业在价值链上的地位。例如，如果企业在发达国家进行投资，生产率准入门槛通常会较高。由于发达国家企业更多位于增加值较高的环节，也更多位于技术密集型、资本密集型、知识密集型产业，因此，在发达国家投资的企业更可能出于技术寻求动机和战略性资产寻求动机，希望通过对外直接投资向增加值更高的环节延伸，增强企业在价值链上的竞争力。当然，高生产率的企业也可能向发展中国家投资，利用自身的生产率优势和在价值链中的核心地位。生产率是异质性企业框架下决定企业跨国经营行为的核心因素，生产率准入门槛、区位选择和价值链链节选择则是对研究的细化和深入，从融资约束角度的分析则是进一步的拓展。因此，生产率准入门槛、区位选择和价值链链节选择是从不同的方面反映企业对外直接投资活动。本书从融资约束角度进一步分析这三个重要问题。

本书的研究思路是，首先，从理论上分析融资约束影响对外直接投资的生产率机制，在此次基础上以中国工业企业为样本进行实证分析。其次，进一步建立计量模型并采用中国企业数据，验证和分析融资约束对企业对外直接投资区位选择和价值链延伸的影响。

本书共分为8章，各章的内容安排如下：

第一章为绪论，主要阐述本书的选题背景与意义，研究内容与方法、研究的创新之处与难点等。

第二章为文献综述。包括五个部分：第一，企业异质性与对外直接投资的文献综述；第二，融资约束影响企业国际化的文献综述；第三，融资约束月生产率研究的文献综述；第四，对外直接投资与区位选择和全球价值链研究文献综述；第五，现有研究评述。

第三章为融资约束影响企业对外直接投资的机理分析。主要包括三个部分：第一，融资约束影响对外直接投资生产率准入门槛的机理分析；第二，融资约束影响对外直接投资区位选择的机理分析；第三，融资约束影响对外直接投资价值链延伸的机理分析。

第四章为中国的融资环境与对外直接投资现状。包括四个部分：第一，中国企业融资的基本现状；第二，融资约束的成因；第三，数据库与融资约束的测度；第四，企业对外直接投资决策与融资约束的描述性统计。

第五章为融资约束对企业对外直接投资生产率准入门槛的影响。以中国工业企业为样本，本章采用 Heckman 两步法检验对外直接投资不同决策阶段融资约束与生产率的作用，识别融资约束对生产率准入门槛的影响，并分析融资条件发生改变时，融资约束对企业对外直接投资生产率准入门槛的影响。

第六章为融资约束对企业对外直接投资区位选择的影响。本章从东道国金融自由化的视角检验金融发展对企业跨国并购扩展边际和集约边际的影响，并识别金融自由化的融资效应对区位选择的作用。

第七章为融资约束对企业对外直接投资价值链延伸的影响。本章将企业对外直接投资的价值链链节进行细分后，使用 Logit 模型检验融资约束对商贸服务类、生产类、研发设计类、资源类和混合类对外直接投资的影响，并检验不同企业特征和金融发展水平下，融资约束对企业对外直接投资价值链延伸的影响差异。

第八章为结论与对策建议。本章总结了全书的研究内容和主要结论，对中国的对外直接投资和金融改革提出相应的对策建议，并提出研究的不足之处以及未来研究方向。

本书各章内容逻辑关系图，如图 1－1 所示。

二、研究方法

本书采用的研究方法主要有两种，分别为理论分析和实证分析。首先，对于融资约束对企业对外直接投资生产率准入门槛的影响，理论分析主要建立在梅里茨（Melitz，2003）、赫尔普曼等（Helpman et al.，2004）和布赫等（Buch et al.，2010）对异质性企业、对外直接投资和融资约束的研究基础之上。

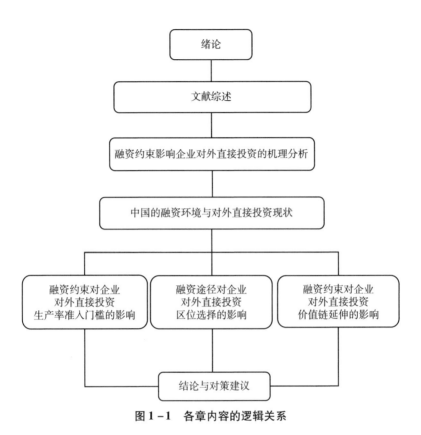

图1-1　各章内容的逻辑关系

对外直接投资的区位选择的影响则是基于克罗泽等（Crozet et al.，2009）与敖和李（Aw & Lee，2014）对需求模式、生产率和对外直接投资区位选择的研究。将融资约束纳入分析框架，对布赫等（Buch et al.，2010）与敖和李（Aw & Lee，2014）理论模型进行拓展，完成融资约束影响生产率准入门槛和区位选择的理论机理分析。融资约束对对外直接投资价值链延伸的机理分析建立在对边际产业转移理论及相关研究、对外直接投资的技术溢出效应、市场势力等文献的梳理和归纳基础上。在理论分析和文献梳理的基础上提出相关检验假设，建立计量模型，并采用中国工业企业数据对理论假说予以验证。

第三节　创新与不足之处

一、创新之处

本书研究的创新之处主要有以下几个方面：

第一，从投资的成本差异入手，通过细化和拆分企业对外直接投资决策过程，理论上阐述了融资约束对企业对外直接投资生产率准入门槛的影响机理。已有研究主要侧重分析和检验融资约束是否抑制企业对外直接投资活动，或者测度对外直接投资中的生产率门槛，本书则重点刻画和检验融资约束下对外直接投资生产率准入门槛的形成过程，并通过实证分析对理论假说进行验证。本书从融资约束差异的角度解释了为什么对外直接投资企业的生产率高于非对外直接投资企业、为什么投资高收入国家的企业的生产率不一定高于投资低收入国家的企业、投资多个目的地的企业的生产率不一定高于投资单个目的地的企业、市场寻求型投资的企业生产率不一定高于技术寻求型投资的企业等现象。

第二，不同于已有研究多基于引力模型从市场需求规模、市场距离、制度质量差异、文化差异等角度对企业对外直接投资区位选择所作的分析，本书研究了对于不同差异化产品生产能力的企业而言，融资约束下对外直接投资的区位选择会发生怎样的变化。实证分析证明融资约束降低了企业向不同区位投资的概率，融资约束对不同区位选择的非对称作用受到企业特征的影响。

第三，不同于已有研究从生产率角度对对外直接投资企业在东道国经营活动内容的分析，本书从融资约束角度分析企业对外直接投资时对价值链不同链节的选择，发现融资约束制约企业通过对外直接投资实现价值链延伸的途径及其意义。

二、不足之处

本书主要研究了对外直接投资过程中融资约束对企业对外直接投资生产

率准入门槛、区位选择和价值链延伸的影响，存在的主要不足之处有以下几个方面：

第一，数理模型的完善和改进。本书的数理模型是在梅里茨（Melitz，2003）、赫尔普曼等（Helpman et al.，2004）、布赫等（Buch et al.，2010）以及敖和李（Aw & Lee，2014）的理论模型的基础上将融资约束纳入进来，扩展后的模型能够在一定程度上解释融资约束对企业对外直接投资决策的影响，但是由于笔者自身的数理能力有限，模型拓展尚有不足之处。

第二，研究时效性的增强。本书的数据主要来自《中国工业企业数据库》和《中国境外投资企业（机构）名录》，在数据库匹配中会导致部分样本遗失，影响研究结果的普适性，尤其是涉及工业企业数据库的实证研究数据的时间跨度较短，导致计量方法使用中的局限性，也会给研究结果带来一定的偏差。

第三，研究内容的进一步丰富。本书的研究只涉及了对外直接投资的生产率问题、区位选择和价值链延伸。融资约束对境外市场进入模型，对外直接投资的母国效应的影响以及东道国金融发展水平对对外直接投资的影响都具有重要的研究价值和现实意义。这些本书尚未涉及，也是需要进一步研究的方向。

第二章

文 献 综 述

在经济全球一体化的过程中，金融因素的推动作用不可忽视。但从以往的研究文献看，国际经济学文献和公司金融的文献交集不多。在新贸易理论研究领域，对国际贸易和对外直接投资的研究专注于规模经济和生产率及要素禀赋的跨国差异在不同经济体中的作用，以此来分析贸易与投资的利得和流量。新新贸易理论把企业异质性引入企业国际贸易和投资参与的分析中，将研究的视角从国家层面、产业层面延伸到了企业层面。研究跨国公司的活动强调了生产要素的跨国差异，以及贸易成本、市场规模和经济规模在国外生产区位选择中的关键作用。许多关于贸易和对外直接投资的研究工作没有重视企业融资方面的因素，也没有有效地假设公司能够获得必要的资金或者以合适的利率来实现最佳的投资选择。

早在 20 世纪的初期，一些经济学家就尝试研究金融因素对经济的影响，实证的结果说明融资因素对企业的投资有抑制作用。在 1950 年后的 20 年里主流观点基本是以莫迪利亚尼和米勒为代表的融资约束无关论（Modigliani & Miller, 1958），后来随着委托－代理理论和信息经济学的出现，融资约束问题才引起经济学界的真正的重视（Jensen & Meckling，1976）。委托－代理理论和信息非对称理论也为融资约束的研究奠定了理论基础，特别是对企业投资－现金流敏感性的研究衍生出大量的经济学文献。本书在文献综述部分回顾了关于企业的融资约束、企业的异质性和企业对外直接投资研究领域的相关文献。

第一节　企业异质性与对外直接投资研究的文献综述

本节主要回顾异质性企业理论以及建立在异质性企业假设基础上的对外直接投资研究，这构成本书核心研究的理论和实证背景。本节主要涉及异质性企业的境外市场进入路径与异质性企业对外直接投资的进入模式以下方面的内容。

一、生产率与企业境外市场进入路径

在传统的贸易理论和对外直接投资理论中，一国进行出口或者对外直接投资的企业是同质的，即代表性企业，无法解释为什么在同一国家内有的企业出口，有的企业不出口，有的企业对外直接投资，有的则不进行对外直接投资。异质性贸易理论（Melitz，2003；Bernard et al.，2003）放弃了企业同质性的假设，从生产率的角度解释了出口企业与非出口企业的差异，将国际贸易研究推进到微观企业层面。异质性贸易理论认为，由于境外市场进入成本和贸易冰山成本的存在，只有生产率最高的企业才能在克服成本因素后从国际贸易中获利，因此，生产率最高的企业进行出口，生产率居中的企业服务本国市场，生产率最低的企业则会在竞争中退出。之后，企业异质性的观点和理论假设被广泛用于解释企业其他国际化行为，其中之一便是解释企业的国际化路径选择。

企业通过对外直接投资还是出口来参与国际化的竞争对应的是"临近－集中权衡"问题。通过将企业的异质性被引入"临近－集中权衡"的分析框架，赫尔普曼等（Helpman et al.，2004）在其经典分析（HMY 模型）中建立一个多国家、多产业的一般均衡模型，来研究企业通过何种方式服务国外市场。在考虑出口的冰山成本和对外直接投资的固定成本下，企业通过最大化利润收益来决定是通过出口还是水平型对外直接投资来服务境外市场。他们在实证部分使用了 38 个国家 52 个产业的面板数据估计了贸易摩擦、规模经济和企业规模的产业内分散度对出口或者外商直接投资的影响。理论与数据的研究证明，生产率最高的企业对外直接投资，生产率次之的企业通过出口服务国外市场，生产率低的企业只能服务国内市场，生产率最低的部分企业退出国内产品市场竞争。针对欧美高收入国家跨国企业的后续研究基本得到了与 HMY 模型预期一致的结论（Bernard et al.，2007；Girma，2005；Eaton et al.，2004），并有一些新的发现。耶普尔（Yeaple，2009）对美国跨国公司的研究发现，投资目的国越多、在目的国销售越多的企业生产率越高，而且东道国的经济发展水平、文化因素以及距离因素对美国企业的境外投资具有显著的影响。类似地，伊顿等（Eaton et al.，2004）对法国企业的研究也发现，对外直接投资目的国越多的企业生产率越高。他们的研究不但证明了企业对外直接投资过程中存在基于生产率的"自我选择效应"，而且生产率的准入门槛会随着投资成本的变化而变化。这一点在对日本企业的对外直接投资活动的研究中得到了进一步的证实。

对日本企业的研究发现，对外直接投资的生产率差异与其投资目的国的经济发展水平相关，投资高收入国家的日本企业的生产率显著高于投资低收入国家企业的生产率（Head & Ries，2003），而且同时在美国或者欧洲投资企业的生产率高于只在美国或者只在欧洲投资的企业的生产率，如果投资目的地为东亚地区低收入国家则对外直接投资企业的生产率不一定高于出口企业或者只在国内生产的企业（Wakasugi & Tanaka，2009）。此外，就对外直接投资企业或者出口企业与非国际化经营企业的生产率差距而言，在日本企业中这个差异要小于在欧美国家的企业（Ryubei et al.，2008）。高生产率对不同国际化路径选择之所以重要的原因之一在于，企业通过高生产率来抵消国际化经营成本对利润的侵蚀，从这个角度讲，对外直接投资中不同区位选择对生产率水平要求的差异反映了不同区位选择下的投资成本差异。

20 世纪 50～70 年代日本正处于产业结构升级换代阶段，将一些已经或者即将失去竞争优势的产业、部门或者生产环节转向生产成本较低、经济发展水平低于自身的低收入国家。日本早期对外直接投资的产业特征决定了其对外直接投资企业不一定是生产率最高、具有垄断竞争优势的企业。另外，由于对外直接投资的目的国经济发展水平更低，这就使得日本企业在东道国市场上较少面临高生产率水平的当地企业的竞争，降低了对对外直接投资企业的生产率要求。20世纪70年代中期以后，日本经济实力上升、产业结构趋于成熟，对外直接投资模式也与"美国模式"趋同，对北美和欧洲高收入国家制造业的直接投资迅速增加。在高收入国家的投资不但要求企业本身具有较强的竞争优势，同时在高收入国家市场上企业会面临强劲的来自本土企业的竞争压力，这都对企业的生产率水平提出了更高的要求。因此，不同区位选择对企业生产率水平要求的差异不但来源于不同区位下的投资成本差异，还来自对外直接投资的产业差异和东道国的市场结构差异。总的来说，HMY模型的理论预期在不同国家样本的检验中都得到了验证。

HMY模型提出之后，基于该模型的后续研究主要有两个方面：一是对HMY模型的适用性进行检验；二是对HMY模型进行拓展研究，将其他影响因素纳入HMY的分析框架。其中，对HMY模型的适用性检验主要包括对模型假设条件的检验以及模型对服务类企业国际化路径的解释力检验（刘军，2015）。海德和瑞斯（Head & Ries，2003）考察了生产率能否解释企业国际化的不同行为，是采用出口的形式还是对外直接投资的形式服务国际市场。与HMY模型中的不变替代弹性（CES）效用函数和冰山贸易成本假设不同，他们使用了线性需求函数和单位运输成本，数理模型分析的结论与HMY模型大体一致，如果国外生产没有成本优势，对外直接投资的跨国公司生产率必须比出口企业高。实证部分使用1070个日本企业的微观数据，证明既对外直接投资又出口的企业要比只出口的企业生产率要高。在对外直接投资的跨国企业中，生产率更高的企业可以在更宽收入水平跨度的国家投资。汤晓军和张进铭（2013）在扩展的企业异质性模型的基础上，分析了中国对外直接投资的主要影响因素，并采用中国2010年制造业百强企业的微观数据进行了验证。结果显示无论是劳动生产率还是全要素生产率都能促进中国企业的对外直接投资。但是与生产率相比，企业的所有制性质的差异在中国企业对外直接投资的决策中起着更为重要的作用。高越和李荣林（2009）在异质性框架下考察了出口与通过对外直接投资分割生产之间的选择，证明生产率越高的企业在国外的生产环节越多。

此外，还有学者从其他角度放松HMY理论的假设条件或者将其他因素纳入分析框架，其中包括用差异性工资水平替代相同工资水平的假设（Head

& Ries，2003；Mukherjee & Marjit，2009）、考察东道国市场规模变化的影响（Nefussi，2006）、东道国政策因素的影响（Chor，2009）、劳动力素质差异性的影响（Castellani & Giovannetti，2010）以及语言、文化、制度差异、工资水平、心理距离等（Lankhuizen et al.，2011；Keuschnigg，2008；Oldenski，2012；张华容等，2015；陈继勇等，2016）。本书研究所关注的重点融资约束也是其中之一（Manova，2013；Buch et al.，2010）。

经过对梅里茨（Melitz，2003）模型的拓展，赫尔普曼等（Helpman et al.，2004）将企业异质性理论延伸至对外直接投资的研究，从生产率的差异角度解释了企业的水平型对外直接投资活动行为。但是对于对外直接投资的模式（绿地投资还是跨国并购）、对外直接投资中的股权分配问题以及垂直型和复杂型对外直接投资的选择问题尚有待进一步的解释。

二、生产率与对外直接投资进入模式

跨国公司理论对企业对外直接投资进入模式选择的影响因素研究已经非常丰富，归纳起来主要有三个方面。一是国家层面的影响因素，包括东道国和母国。例如，东道国的市场规模、所有制结构、法律制度环境（Al-Kaabi et al.，2010；Meyer et al.，2009；Brouthers，2002）、母国与东道国的文化背景和经济发展水平差异（Kogut & Singh，1988；Aulakh & Kotabe，1997；Hennart & Reddy，1997）等。二是产业层面的影响因素。例如，产业集中度（Chen & Zeng，2004）、产业多元化（Zejan，1990）、产业技术水平（Hennart & Park，1993）。三是企业层面的因素。例如，企业的经营战略（Young et al.，1989；Harzing，2002）、产品差异、技术水平、研发和管理能力等内部因素（Andersson & Svensson，1994），以及企业的国际化经营经验（Kogut，1988）等。

垄断竞争优势理论和资源基础论较早地从企业异质性的角度解释了对外直接投资活动，不过它们所强调的企业所有权优势与新新贸易理论所强调的基于生产率的企业异质性并不完全相同。企业的生产率是企业生产效率的加总指标，其范围要小于所有权优势，不包含商标品牌、销售技术和网络等与市场竞争相关的资源（周茂等，2015）。较早从生产率异质性角度分析企业国家投资模式选择的有诺克和耶普尔（Nocke & Yeaple，2007）、肯德尔和瑞恩（Kendall & Ryan，2007）。诺克和耶普尔（Nocke & Yeaple，2007）将

"企业的资源导向型观点"引入国际投资模式选择决策，分析了异质性企业在绿地投资与跨境并购之间的抉择。他们将企业的优势资源按照流动性强弱划分为曲线两端资产（up-stream assets）和曲线中部资产（down-stream assets），也称为可流动能力（mobile capabilities）和不可流动能力（non-mobile capabilities）。曲线中部资产涉及品牌、销售渠道、广告等，较难跨境转移和流动。如果企业对外直接投资的目标在于获取和利用东道国的此类非流动性资产，则跨国并购优于绿地投资。如果企业的竞争优势主要由可流动能力决定，生产率较高的企业会选择跨境并购方式；反之，如果企业的竞争优势主要由不可流动能力决定，生产率较低的企业选择跨境并购。他们的进一步研究显示，进行绿地投资的企业的生产率高于跨境并购企业（Nocke & Yeaple，2008）。类似地，从技术跨境转移的难易程度研究了企业的生产率差异对对外直接投资模式选择的影响。他们发现，如果技术可以完全跨境转移，对于高技术企业而言并购优于绿地投资；如果技术只是部分可转移，生产率高的企业更可能选择绿地投资。不难看出，肯德尔和瑞恩（Kendall & Ryan，2007）所指的可完全跨境转移技术基本对应于诺克和耶普尔（Nocke & Yeaple，2007）所指的曲线两端资产，部分跨境转移技术基本对应于曲线两端资产。斯皮尔洛（Spearot，2012）则从产品需求结构考察了异质性企业在跨境并购与绿地投资中的抉择选择，认为无论差异性产业中的产品种类是完全替代还是不完全替代，生产率最高的跨国企业会选择并购形式。

在对外直接投资进入模式的选择中生产率发挥作用的途径和程度与不同模式下的投资动机相关。选择并购方式的跨国企业更多的是获取东道国企业的优势资源，与自身的优势资源形成互补，以期产生协同效应。同时，并购后的整合成本对企业的组织管理能力也提出了较高的要求，通常生产率高的企业组织管理能力也较强，更容易成功完成并购整合，降低整合成本。[1] 另外，高生产率企业在并购中可能遭遇较轻的审查成本，因为高生产率企业更可能为东道国带来正的技术溢出效应（Barro & Martin，1995）。这些因素都可能导致进行跨国并购的企业拥有更高的生产率（周茂等，2015）。

---

[1] "只有35%的兼并与收购达到预期目标"。请参阅约瑟夫·克拉林格：《兼并与收购：交易管理》，陆猛、兰光、周旭东译，中国人民大学出版社2000年版。

第二节 融资约束影响企业国际化的文献综述

强调投入要素禀赋的国际经济学框架通常考虑物质资本的作用，而不是金融资本。随着新新贸易理论将对国际贸易的研究深入到微观企业层面，从企业层面研究资本可得性的跨国差异被纳入分析框架。本节主要回顾了融资约束与企业出口或者对外直接投资关系的相关研究。

一、融资约束对企业出口的影响

企业的融资地位与其投资行为的关系说明了流动性约束的存在（Fazzari et al. ，1988）[①]。对于企业的融资约束与出口行为的关系存在两种反向的观点。

一种观点认为通过出口企业的融资约束得以缓解，即企业的出口行为影响了企业的融资能力。例如，使用 20 世纪 90 年代西班牙制造业企业面板数据，检验流动性约束与企业出口地位之间是否存在关联时，研究发现流动性约束对于出口企业而言黏性更小（Campa & Shaver，2002）。研究者认为境外销售带来的稳定性收入缓解了出口企业的流动性约束，而不是流动性约束小的企业进行出口。不同市场的商业周期是不完全相关的，可以在不同市场中获利的企业可以确保稳定的未来收入，这将减少企业与金融中介之间的代理问题，缓解融资约束。同样地，韩剑和王静（2012）从内部融资、商业信用融资和银行贷款融资三个维度研究了中国企业出口与融资约束的关系，发现中国企业中存在通过出口来缓解银行贷款难的现象。[②]

另一种观点也是大多数的研究则认为是融资约束影响了企业的出口行为。

① 关于企业流动性与融资约束关系的研究存在争议。法拉奇等（Farrazi et al. ，1988）认为当企业受到融资约束越强时，投资对现金流的敏感性就越高；但是卡普兰和辛加尔（Kaplan & Zingales，1997）使用不同的方法测算企业的融资约束后却得出相反的结论。

② 他们认为，出口缓解中国企业融资状况的途径有三：首先，销售市场多元化带来更为稳定的现金流；其次，出口行为向贷款提供者发送了关于企业竞争力的正面信息，降低金融市场的信息不对称；最后，出口企业可以获得出口信贷等融资支持。

夏尼（Chaney，2008）最早将流动性约束纳入梅里茨（Melitz，2003）的异质性企业模型，认为企业的融资约束与生产率一样是异质性的重要来源，具有更高流动性的企业面临较小的融资约束，更容易克服进入出口市场的沉没成本。穆尔斯（Muûls，2008）将内部融资与外部融资同时引入梅里茨模型（Melitz，2003），发现融资约束对出口的扩展边际和集约边际都会产生影响。芬斯特拉等（Feenstra et al.，2011）利用扩张的梅里茨模型证明，在出口的固定成本大于国内经营固定成本的假设下，跨国企业在东道国的分支机构由于可以从母公司获得外部融资支持，比"独立"企业更容易进入出口市场。曼诺娃（Manova，2013）建立了一个包含异质性企业、具有不同金融发展水平的国家、金融脆弱性程度不同的产业的模型，分析了国际贸易中的零双边贸易、出口中的差异化产品和出口产品结构随时间变化的原因。他们发现，金融发展水平高的国家间更可能进行双边贸易，出口额也更大，这在更需要外部融资和融资抵押品较少的部门中更为显著。在金融脆弱部门中，金融发达的国家出口更多差异化产品，且出口产品结果随时间的逆转的可能也更小。最后，他们发现信贷约束导致了贸易层级：虽然所有的国家都会向规模大的市场出口，但是金融发达的国家有更多的贸易伙伴，并且可以向规模更小的市场出口，尤其是金融脆弱性部门。逐渐增加的企业层面的研究也为融资能力差异对贸易行为的影响提供了更多的经验证据（Greenaway et al.，2007；Muûls，2008；Manova，2013）。夏尼（Chaney，2013）认为流动性约束小的企业进行出口，企业出口多少则取决于生产率，而非流动性约束的大小。具体地说，如果企业进入国外市场需要支付进入成本，为这个成本融资会使企业面临流动性约束，那么只有拥有足够流动性的企业才能出口。虽然出口对部分企业也是有可能获利的，但是缺乏足够的流动性将使他们无法出口。从国内销售中获得大的流动性的生产率更高的企业，以及接受了大量流动性的更健康的企业更可能出口。模型显示流动性越是稀缺，在企业中的分布越是不均匀，总出口规模越小。夏尼的模型还为出口对汇率波动不敏感提供了解释。汇率升值时，现有的出口企业在境外的竞争力下降，被迫减少出口。与此同时，潜在出口企业的国内资产价值上升（意味着融资约束减轻），部分受到流动性约束的企业开始出口。这就抵销了货币升值对竞争力的负面影响。某些时候还可能使情况逆转，增加总出口。

曼诺娃等（Manova et al.，2011）采用中国企业层面数据证明了信贷约束对贸易流量的制约以及对外商直接投资模式的影响。国外企业的中国子公司和合资公司比中国国内私营企业出口绩效更高，他们的这一优势在融资脆弱性高的行业中更大。这种现象在出口销售额、出口产品范围和出口目的地数量方面都很显著。企业面临的出口成本越高，这种现象越突出。这说明有限的信贷可得性阻碍了贸易流，外国子公司由于可以从母公司获得外部融资受到的融资约束较小。这一研究结果还说明金融摩擦和东道国的金融体制影响了多国公司活动的产业和空间结构。于洪霞等（2011）采用2000～2003年制造业企业面板数据研究发现，中国制造业企业出口固定成本受到融资约束影响，制约了企业的出口能力。出口退税政策是我国促进出口的主要政策，可以认为出口退税降低了出口的变动成本。李志远和余淼杰（2013）对中国企业层面的数据分析后认为，外商投资企业享有较小的融资约束。刘海洋等（2013）从金融贸易信贷角度研究发现，融资约束制约了中国制造业企业的出口，并且制约作用存在企业规模、地区、所有制、行业差异。吕越（2014）发现企业出口参与对外源融资约束的依赖程度因所有制不同存在差异。国有企业和外资企业外源融资约束对出口参与的影响不显著；而民营企业外源融资约束对其出口参与起到显著的作用。

二、融资约束对企业对外直接投资的影响

企业融资异质性的研究也延伸至对对外直接投资的研究中。企业在对外直接投资时为什么通常需要进行外部融资活动？通常来讲有两个原因（李磊和包群，2015）：第一，企业的投资活动是资金流动的过程，需要大量的资金作为支撑才能保证投资的顺利进行。但是企业通常会面临资金不足的困境，很少有企业可以通过自由现金或者留存收益解决投资所需的全部资金需求，寻求外部融资的支持成为重要的解决问题手段。拉詹和津加莱斯（Rajan & Zingales，1995）的研究发现，金融发展程度高的国家在外源融资依赖度相对较高的行业中会具有一定的比较优势。第二，相对于国内投资，对外直接投资需要支付额外的大量固定成本，企业的外源融资的意愿更加强烈。遗憾的是因为项目在国外，资金回收期又长，企业与银行的信息不对称，造成了企业的资金瓶颈。

布赫等（Buch et al.，2010，2014）以德国企业对外直接投资数据分析

了融资约束对企业对外直接投资二元边际的影响。对外直接投资涉及更高的前期投资，包括固定资本投入和可变生产成本。当企业无法以内部融资满足投资需求时，由于信息不对称的存在外部融资会带来高于内部融资的融资成本。布赫等（Buch et al.，2010）将外部融资约束以融资成本的方式引入模型，证明了相比对出口的影响，融资约束对外商直接投资的影响更大；融资约束的存在不但影响了企业进入海外市场的可能性（扩展边际），提高了进入海外市场的生产率门槛，还降低了海外子公司的销售额（集约边际）；融资约束对服务业海外投资的抑制作用大于对制造业的作用；对于生产率很低、不可能考虑海外经营的小企业而言，融资约束对其国际化战略没有影响。布赫等（Buch et al.，2014）从可抵押资产以及东道国契约执行情况的角度研究了融资约束对企业对外直接投资的二元边际的影响。他们的研究显示东道国较好的契约环境和融资条件将有利于企业进行直接投资。都德（Todo，2011）在研究日本国际化问题时，系统考察了影响企业出口或对外直接投资的决定因素，研究发现效率虽然是决定企业国际化的主要因素，但是解释力有限，融资约束也在一定程度上阻碍了企业出口或者对外直接投资。此外，跨国公司的子公司还可以通过公司内部融资来克服外部资本市场不完全导致的流动性约束。例如，德赛等（Desai et al.，2004）的研究指出美国的跨国公司更多的依赖从母公司借贷，较少依赖东道国的资本市场融资。跨国公司可以通过资源的内部配置来减轻由于信贷市场不完善带来的融资约束问题（Antras et al.，2009）。

默克尔等（Morck et al.，2008）指出，中国的对外直接投资迅猛增长的同时，最可能进行具有价值的对外直接投资（value-reating FDI opportunities）的企业面临资本约束，那些最活跃的投资者则可能过度投资。他们的观点反映出中国企业对外直接投资中的融资约束问题，以及资本配置问题。[①] 李磊和包群（2015）使用中国工业企业数据库和《中国境外投资企业（机构）名录》合并的企业微观数据，研究了融资能力对中国企业对外直接投资的影响。研究发现，贷款融资能够显著的促进企业对外直接投资，融资能力越强的企业越容易进行对外直接投资，并且倾向于多次投资和在多个国家投资。研究还发现，民营工业企业的对外直接投资相对于国有工业企业对外直接投

---

① 他们通过对中国的储蓄率、企业所有者结构以及银行为主导的资本配置的研究得出以上结论。

资更有可能从信贷融资中获益；融资依赖度相对比较低的行业中规模越大的企业，融资约束对企业对外直接投资的影响越大。企业融资能力越强越会比较早的进行对外直接投资。王碧珺等（2015）采用浙江省2006～2008年对外直接投资数据和中国工业企业数据库匹配的企业层面的微观数据，研究发现融资约束对中国的民营企业对外直接投资具有明显的负面效应。文章对企业的融资环境也进行了相关研究，数据显示，企业融资环境的改善既可以提高自身对外直接投资的可能性，也可以促进企业投资规模的扩张。研究还发现，对于在低收入国家的对外直接投资要大于在高收入国家的对外直接投资，相对于"贸易型"对外直接投资，"生产型"对外直接投资的投资周期比较长，不确定性要更高，企业投资也会更慎重。一个重要的发现是，融资能力对于"生产型"对外直接投资和在低收入国家投资的对外直接投资更为重要。刘莉亚等（2015）使用国泰安经济金融数据库（CSMAR），通过理论推导和实证分析研究发现：融资约束在某种程度上限制了中国企业对外直接投资的能力，特别是对外源融资依赖较高的行业表现更为显著。从生产率的角度看，那些在全要素生产率上有一定优势的企业可以抵消一部分融资约束的负面影响。文章指出，在我国金融抑制比较严重的环境下，银行的融资政策应该适当侧重于对外源融资依赖比较高的行业，例如，电子通信设备、专业设备装备制造业和医药行业。吕越等（2015）研究发现，融资约束对我国企业融入全球价值链产生了阻碍作用，融资约束的这种消极影响只体现在企业是否参与全球价值链的决策上。

融资约束成为影响企业出口和外商直接投资的重要因素，使得人们开始关注与融资约束相关的其他话题，例如，金融发展如何影响企业的行为。已有证据显示金融发展提高了受到信贷约束的企业进入市场的可能性，促进了总体经济增长。除了可以鼓励采用新技术和扩大投资的集约边际外（King & Levine, 1993; Rajan & Zingales, 1995; Beck et al. , 2000; Beck et al. , 2005; Aghion et al. , 2007; Hsu et al. , 2014），金融改革也促进了企业的出口参与度和总出口量（Amiti & Weinstein, 2011; Manova, 2013），这种效应集中在小企业和相对更依赖外部资本的行业里。比尔等（Bilir et al. , 2014）从东道国视角研究了金融发展和融资约束对美国跨国企业的影响。当存在融资摩擦时，受到融资约束的东道国的国内企业与外国企业相互竞争，此时东道国的金融发展会对跨国公司子公司进入以及在哪里销售产品产生影响。他们认为东道国的金融发展从两个方面发挥作用：一是竞争效应，即东道国的金融发展水平的提高使得东道国的国内企业更易进入，从而增加了市场竞争，减少了美国跨国企业子公司的销售收入；二是融资效应，即东道国金融发展通过缓解美国子公司在东道国的融资约束使美国的子公司更易进入。徐清（2014）从金融发展的规模、结构和效率三个方面研究了我国金融发展对我国企业生产率及对外直接投资的影响。她发现中国金融发展缓解了企业的融资约束、分散了企业的投资风险、提升了企业资金的利用效率与风险评估能力、促进了企业的技术创新，从而提升了企业的生产率。金融规模扩大和金融结构调整都对我国企业的对外直接投资起到了促进作用，但是金融效率提升却抑制了对外直接投资。她还发现金融规模、金融结构和金融效率这三者之间发展越协调越有利于我国企业开展对外直接投资。朱红军等（2006）使用上市公司数据实证检验发现，金融发展水平的提高能够减轻企业的融资约束，降低企业投资对内部现金流的依赖性。但是预算软约束的存在，扭曲了国有企业面临的融资约束，并减弱了金融发展对国有企业的积极作用。

此外，已有的研究还关注缓解现有金融市场中融资约束的替代机制对企业国际化行为的影响，例如，通过与外商投资企业的经济往来或者关联关系，使得内资企业（尤其是面临融资困境的民营企业或者中小企业）更加容易获得银行信贷，这与外资企业本身在中国的法律和政治地位较高，且有母国资金支持有关，内资企业可以通过与外资建立联络和产业纽带在一定程度上缓解融资约束问题，从而有利于企业开展国际化经营（Du & Girma，2007；Feenstra et al.，2011；罗长远和陈琳，2011；王忠诚等，2017）。

三、东道国视角下金融自由化对对外直接投资的影响[①]

任何国家的金融体系都始终面临"不可能三角"（impossible trinity），即在金融体系稳定、金融创新和零道德风险之间只能选择两项，而无法三者兼得（陆磊和杨骏，2016）。追求稳定的金融体系就需要实行严格的行业管制，并放弃金融创新或者零道德风险。如果放弃金融创新则会带来"金融抑制"，

---

① 本部分文献综述，以及与之对应的本书第七章实证研究经整合后，在《国际经贸探索》2018年第7期发表。

制约经济发展；如果放弃零道德风险，则意味着无法保持货币政策的独立性。由于"不可能三角"的存在，对于政府是应该加强管制，还是应该进行金融自由化，允许资本自由流动，学术界的争论颇多。例如，罗德里克（Rodrik，2010）认为资本自由流动并不能使一国从自由贸易中获益，反而会给一国经济带来投机性冲击。费希尔（Fischer，1997）和贝卡尔特等（Bekaert et al.，2005）却认为资本账户开放或者金融开放可以显著促进经济增长。拉瑞恩和斯达姆纳（Larrain & Stumpner，2017）的最新研究表明资本账户自由化可以促进社会总生产率的提高。刘莉亚等（2013）则认为资本管制会滋生腐败和官僚主义，导致政府经济政策的"逆向选择"和"道德风险"，降低金融市场效率，提高融资成本。相反，金融自由化使政府行为受到约束，追求稳健的宏观经济政策，进而促进经济增长。与上述两种观点不同，游宇和黄宗晔（2016）研究发现资本管制对经济增长的影响方式取决于资本管制的侧重点。

资本投资的效率一般来讲内生于政府干预和市场化进程等外部条件（Cohen et al.，2011）。因此，金融自由化需要配以适当的制度环境才能产生积极的效果。在不完美的资本市场中，信息不对称和代理问题导致资本配置效率下降，企业始终面临投资不足或者过度投资带来的风险。在制度体系、法律水平和金融发展落后的国家，金融机构和资本市场也会相对落后，消除信息不对称、促进投资活动的作用有限（Desai et al.，2006；Antràs & Caballero，2009）。法律水平和制度水平只有达到一定的高度时，才能与金融开放一起促进资本市场的发展（Chinn & Ito，2006）。因此，金融自由化前的经济制度因素会对金融自由化的经济效应产生影响（Arteta et al.，2003）。

与资本管制相反，金融自由化会促进国际资本流入，降低资本输入国的融资成本、提高资本配置效率，进而促进经济发展和生产率进步（Forbes，2007；Alfaro et al.，2017）。放开对资本的管制虽然会导致股票市场波动增强，但可以促进股票市场发展，增强其流动性（Zervos，1996）。韩乾等（2017）以中国上市企业为样本对短期国际资本流动的研究表明，短期国际资本流入会显著降低上市企业的融资成本。同样地，陈创练等（2016）对中国工业企业的研究表明，当中国金融发展处于较低水平时，国际资本流入有利于提高中国工业行业的资本配置效率。拉瑞恩和斯达姆纳（Larrain & Stumpner，2017）研究了资本账户自由化对不同融资约束企业的资本回报率的影响，证明资本账户自由化可以提高资本配置效率，促进企业成长。类似证明金融自由化可以提高资本等要素配置效率的研究还有白等（Bai et al.，2015）和瓦雷拉（Varela，2015）。

东道国金融自由化水平不但会影响对外直接投资活动发生的概率，还会影响跨国企业境外子公司的经营活动。跨国并购更有可能使用现金而不是股票作为付款方式，收购方通常没有足够的现金和流动资产，对债务融资有很强的依赖性（Faccio & Masulis，2005）。资本账户自由化或者放松银行业管制会使信贷市场状况好转，提高跨国并购交易的支付能力，增加跨国并购数量、扩大并购规模（Kandilov et al.，2017），并对跨国企业在东道国的持续经营产生积极影响（Marin & Schnitzer，2011）。20 世纪 70 年代末，美国许多州开始解除对国家银行分行和地区银行扩张的限制。在取消银行管制的州，以美国企业为标的的跨国并购数量增加，而且跨国企业在美国当地的融资替代了跨国企业的母国融资（Kandilov et al.，2017）。东道国金融自由化影响对外直接投资活动的另一重要证据来自德赛等（Desai et al.，2006）对美国跨国企业海外子公司的研究。他们的研究表明，东道国资本管制会诱发企业利用内部交易和内部资本市场，在国际贸易中使用转移定价或者增加分红的方式进行利润转移。他们还发现，东道国资本管制解除后美国子公司的资产会增长 9.75%，地产、厂房和设备（PPE）则会扩大 10.26%。

综观已有研究，就东道国金融自由化与跨国并购的关系而言，仍然有需要深入研究的方面。从研究视角看，从东道国金融自由化角度对中国企业跨国并购进行的研究尚不多见。金融政策是制度安排的重要组成部分，然而已有研究大多侧重东道国的政府治理、腐败程度、法治水平、政治稳定等制度因素（宗芳宇等，2012；俞萍萍和赵永亮，2015；刘晓光和杨连星，2016；张弛和余鹏翼，2017）。一国原有的经济基础和制度环境对金融自由化的政策效果有重要影响，已有研究却未充分考虑这些因素的作用。

第三节　融资约束与生产率研究的文献综述

一、融资约束与企业生产率

金融摩擦的存在显著地影响了企业的管理能力以及对投资机会的把握。

然而，从现有的文献研究来看，关于融资约束与微观企业层面生产率之间的研究主要涉及单一国家或少数特定生产部门。一部分研究文献显示，融资约束对长期的企业生产率和增加值有显著的影响。例如，加蒂和洛夫（Gatti & Love，2008）使用保加利亚横截面数据研究发现，获得信贷额度或透支贷款机会可以提高生产力，信用贷款与全要素生产率显著正相关。巴特勒和科纳吉亚（Butler & Cornaggia，2011）使用美国中西部县级农民在2000～2006年期间的数据，研究了当玉米的外部需求发生变化时，位于融资条件不同地区的农民的生产率发生变化，发现在那些获得贷款相对较多的地区产量增加最多。陈和格蕾齐娅（Chen & Guariglia，2013）采用2001～2007中国制造业面板数据考察现金流和企业生产率，发现企业的生产率受到外部融资状况显著约束。莱文和沃鲁萨维塔拉纳（Levine & Warusawitharana，2014）使用欧洲国家企业的大样本研究发现，企业适当的负债增长会显著促进生产率的提高。另外，并非所有的文献都显示融资正向促进了生产率。莫雷诺－巴迪亚和韦尔莱（Moreno-Badia & Veerle，2009）使用了1997～2005年期间的数据对爱沙尼亚企业进行研究发现，对于大多数部门而言，融资约束对生产率没有显著的影响。类似地，努涅斯等（Nunes et al.，2007）使用葡萄牙在1999～2003年期间的面板数据，使用分位数回归的计量方法研究发现，借贷对劳动生产率产生负面的影响。姆万吉（Mwangi，2014）使用2007年世界银行调查数据中肯尼亚小企业的数据，研究发现企业借贷对生产率是有负面影响的，但是结果不显著。

费兰多和鲁吉里（Ferrando & Ruggieri，2015）的研究发现，在欧洲国家的大多数部门融资约束降低了生产率，融资约束的影响在统计上和经济上都是显著的。研究同时还指出，在行业层面，创新最多的行业系数估计最显著，例如，"能源，天然气和水供应"和"研发，通信和信息"；但是在"建筑和房地产"行业融资约束对生产率的影响就比较低。从跨国的角度来看，意大利和葡萄牙是受融资约束影响较大的国家，由于有限的资金可得性，反事实估计结果显示平均劳动生产率损失约21%；德国和荷兰是受融资约束影响较小的国家，反事实估计的平均劳动生产率损失约为11%和15%。此外，研究还发现，通过扩大融资来源，各国的劳动生产率可以平均提升1%～2%。

对中国企业的研究也同样证明融资约束制约了企业生产率提高，而且这种影响会受到企业所有制性质、行业性质、地区差异的影响。何光辉和杨咸月（2012）使用包含融资约束变量的增广生产函数研究了中国制造业企业中融资约束与生产率之间的关系。他们发现融资约束对企业生产率的影响存在基于企业所有制性质的显著差异，相比国有企业，民营企业生产率显著依赖其内源融资能力。类似地，陈和格蕾齐娅（Chen & Guariglia，2013）对中国制造业企业的研究发现，企业的生产率，尤其是流动性差的外资企业和私营企业的生产率严重受到内部融资的制约，相比私营企业，外部非出口企业比出口企业更依赖企业自身现金流来提升生产率。任曙明和吕镯（2014）研究了政府补贴在平滑融资约束对中国装备制造业企业生产率影响方面的作用，发现平均而言，政府补贴可以完全抵消融资约束对企业生产率的负向影响，但是在部分企业中政府补贴对生产率的促进作用仍小于融资约束的抑制影响。石晓军和张顺明（2010）使用中国176家上市企业数据，将企业的生产率通过 DEA-Malmquist 方法分解后研究发现，商业信用融资缓解了企业的融资约束，进而促进了企业规模效率的提升。刘洪铎（2014）从金融发展角度研究了融资约束缓解对中国工业企业全要素生产率的提升作用，他发现，金融发展是研发促进全要素生产率提升的重要保障，在私营企业和金融发展水平较高的东部地区尤其如此。

研发或者创新活动是企业提升生产率的重要途径之一，关于研发或者创新活动与融资约束的研究则提供了融资约束影响生产率的间接证据。解维敏和方红星（2011）从地区金融市场发展角度实证检验了外部融资资源对企业研发的重要性。他们发现，银行业改革和地区金融发展缓解了企业的融资约束，对中国上市企业，尤其是小规模企业和私有产权企业的研发投入有显著的正向影响。类似地，孙晓华等（2015）对中国大中型工业企业研发的研究发现，在中国工业企业中存在显著的融资约束，企业的内部现金流与研发强度高度正相关；金融深化则可以有效地降低企业研发对内部资金的依赖，使银行贷款或者实收资本在研发投入中发挥更大的作用。在异质性企业的理论框架下，生产率是影响企业国家化的根本因素。融资约束对生产率的负面效应在实证中得到广泛的验证，提供了融资约束影响对外直接投资的佐证。

二、融资约束与对外直接投资生产率准入门槛

融资约束制约对外直接投资的作用机理在于提高对外直接投资的生产率

准入门槛。较早在异质性企业框架下研究融资约束影响对外直接投资机制的是布赫等（Buch et al.，2010）。他们在异质性企业出口模型（Chaney，2008；Manova，2013）的基础上引入融资约束，证明了相比对出口的影响，融资约束对对外直接投资的影响更大。通过提高对外直接投资的生产率准入门槛，融资约束对对外直接投资的扩展边际和集约边际均会产生负面影响。融资约束之所以会提高对外直接投资的生产率准入门槛，是由于企业进行对外直接投资时需要支付海外市场进入成本。该成本往往高于国内投资成本或者出口成本，企业通常很难依靠自有资金进行对外直接投资。海外经营的风险、企业与银行之间的信息不对称、母国以及东道国的金融发展水平等因素，都会增加企业获取外部融资的难度、提高融资成本，只有更高生产率的企业有能力在支付各项成本之后仍然可以从投资活动中获利。

然而，少有研究对融资约束影响对外直接投资的机理进行实证检验。布赫等（Buch et al.，2010）对生产率准入门槛的检验主要基于对企业规模的划分，假设规模越大的企业生产率越高。规模很小的企业，生产率水平很低，不会选择对外直接投资，融资约束不会对对外直接投资产生影响。规模最大的企业，生产率水平很高，足以支持对外直接投资活动，融资约束同样不会发挥作用。根据企业规模大小进行分样本回归的结果验证了他们的假说。由于检验的结果依赖于企业规模与生产率关系的假设，同样的方法运用于对中国企业的研究不一定适合。目前，国内研究主要集中于回答"融资约束是否抑制了中国企业对外直接投资"，采用不同特征的样本和融资约束指标进行验证。检验融资约束与对外直接投资生产率准入门槛交互影响研究还不多。严兵等（2016）同样考察了不同生产率水平上融资约束的影响，发现生产率越高的企业融资约束对投资的负向边际效应越强。与布赫等（Buch et al.，2010）的研究相似，严兵等（2016）的研究证实融资约束对对外直接投资的负面影响与生产率之间存在正相关关系，但是对于融资约束提高对外直接投资生产率准入门槛这一作用机制的识别仍显不足。

另外，值得关注的是，中国企业对外直接投资研究中出现的"生产率悖论"。田巍和余淼杰（2012）采用浙江省企业对外直接投资数据研究发现，投资目的国与企业生产率之间没有关系。他们认为即使在不同收入水平国家的对外直接投资具有不同的进入成本，企业决定具体的投资目的国时成本差异已经不是重要的影响因素，从而使得生产率的重要性下降，但是他们并没有给出成本差异不再重要的原因。类似的，蒋冠宏（2014）对中国工业企业的研究发现，投资高收入国家的企业其生产率不一定高，在低收入国家投资的企业，投资目的国越多，企业生产率也不一定更高。事实上，对外直接投资中的"生产率悖论"并非中国的特有现象。对日本企业对外直接投资的相关研究显示，投资高收入国家的日本企业其生产率显著高于投资低收入国家的企业（Head & Ries，2003），而且同时在美国或者欧洲投资的企业其生产率高于只在美国或者只在欧洲投资的企业，如果投资目的地为东亚地区低收入国家则对外直接投资企业的生产率不一定高于出口企业或者只在国内生产的企业（Wakasugi & Tanaka，2009）。高生产率对不同国际化路径选择之所以重要，是因为企业通过高生产率来抵消国际化经营成本对利润的侵蚀。从这个角度讲，对外直接投资中不同区位选择对生产率水平要求的差异反映了投资成本的变化。"生产率悖论"的出现与投资项目的成本相关，充分考虑投资成本将有助于增进对对外直接投资生产率准入门槛形成过程的认识。

第四节　对外直接投资与区位选择和全球价值链研究文献综述

一、对外直接投资的区位选择

在 HMY 模型的分析框架下对异质性企业对外直接投资的动机与区位选择研究主要从水平型对外直接投资（HFDI）和垂直型对外直接投资（VFDI）的选择展开。HMY 模型主要解释了企业的水平型对外直接投资，松浦和早川（Matsuura & Hayakawa，2012）将垂直型对外直接投资纳入分析框架，在垄断竞争市场和不变替代弹性（CES）效用函数的假设下研究企业在国内生产、水平型对外直接投资和垂直型对外直接投资之间的抉择。他们发现，无论是水平型还是垂直型对外直接投资的企业其生产率都高于国内生产企业。在贸易成本较低时，生产率较高的企业选择垂直型对外直接投资，反之，则选择水平型对外直接投资；当母国与东道国工资水平差异较小时，企业倾向于选择水平型对外直接投资。

对美国企业在加拿大的分公司的研究发现，只有12%的直接投资是水平型投资，19%可以归入垂直型投资，绝大多数的投资都具有复杂的组织形成（Feinberg & Keane，2003）。格罗斯曼等（Grossman et al.，2006）在梅里茨（Melitz，2003）的基础上建立了同时分析水平型、垂直型和复杂型对外直接投资的框架。类似的研究还有片山等（Katayama et al.，2011）、早川和松浦（Hayakawa & Matsuura，2011）、亚佐娃和尼里（Mrázová & Neary，2013）等。片山等（Katayama et al.，2011）在一个多东道国的模型中对日本企业的研究发现，生产率水平低的企业会选择出口导向型对外直接投资，高生产率的企业选择市场导向型对外直接投资。早川和松浦（Hayakawa & Matsuura，2011）则发现进行复杂型垂直对外直接投资的企业，其生产率高于进行单纯型、垂直型对外直接投资的企业。另外，在多个国家投资的企业其生产率高于只在单个国家投资的企业（Mrázová & Neary，2013），选择水平型对外直接投资企业的生产率高于选择出口平台型对外直接投资的企业，后者的生产率又进一步高于选择贸易引致型对外直接投资的企业。

当企业在不同类型的对外直接投资方式之间进行选择的时候，区位因素已经在发挥作用。水平型对外直接投资通常是出于市场寻求动机，区位选择通常涉及收入水平和消费偏好近似的国家和地区，垂直型对外直接投资则涉及价值链的分割，区位选择取决于企业如何分割生产。敖和李（Aw & Lee，2008）在异质性企业框架下分析了中等收入水平国家企业对外直接投资的区位选择问题，发现生产率高的企业选择对外直接投资，其中生产率最高的跨国企业同时在不同收入水平的国家进行投资；对于生产率居中的企业而言，低收入国家的市场规模和投资固定成本相对于高收入国家越小，在高收入国家投资的企业的生产率就会比在低收入国家投资企业的越高。

在异质性企业理论之外对对外直接投资动机与区位选择的研究已经非常丰富和全面。早期的垄断优势理论、产品生命周期理论、边际产业转移理论都蕴含了区位选择的考量因素。邓宁的OLI范式则将区位选择的重要性独立地凸显出来。从实证分析的角度看，区位选择的分析通常可以划分为三个视角：东道国视角、母国视角以及同时兼顾母国与东道国影响因素的检验。东道国与母国的经济状况、制度质量、要素禀赋特征、国际关系、贸易因素以及东道国与母国的制度距离、文化距离、地理距离等构成了宏观视角下针对区位选择最为广泛的研究主题（Eaton & Tamura，1994；Buckley & Liu，

2009；蒋冠宏和蒋殿春，2012；裴长洪和樊瑛，2010；綦建红和杨丽，2012；綦建红等，2012）。例如，伊顿和塔穆拉（Eaton & Tamura，1994）采用引力模型从要素禀赋角度分析了包含人口、收入水平、教育水平等对双边贸易以及直接投资的影响①。巴克利和刘（Buckley & Liu，2009）将金融市场不完美、所有制差异、制度质量等因素纳入分析框架，对中国1984～2001年对外直接投资数据的研究发现，中国对外直接投资更趋向于具有政治风险且文化上与中国接近的东道国，而且中国的对外直接投资还受到东道国市场规模、地理距离和自然资源禀赋的影响。蒋冠宏和蒋殿春（2012）从对外直接投资的动机出发检验了东道国资源禀赋、市场规模、制度质量、战略资产优势、汇率、地理距离等影响对中国对外直接投资区位选择的影响，验证了中国对外直接投资的市场寻求、资源寻求以及技术寻求动机，没有发现中国对外直接投资中存在"制度接近"特征。默克尔等（Morck et al.，2008）认为中国早期的对外直接投资具有向"避税天堂"和东南亚国家聚集的特征。

从微观企业角度对中国企业对外直接投资区位选择进行的研究有从以上角度展开（宗芳宇等，2012；孟醒和董有德，2015），也有从异质性企业角度展开（王方方和赵永亮，2012；蒋冠宏，2015）。王方方和赵永亮（2012）采用广东省企业数据研究发现，在不同区位投资的企业其生产率在对外直接投资中发挥的作用不同，生产率阈值低的东道国吸引了更多的中国投资。但是，蒋冠宏（2015）则认为投资中低收入国家的企业不一定比投资高收入国家的企业拥有更高的生产率。然而按照HMY理论的预期，东道国收入水平的上升将增加企业对外直接投资的固定成本和边际成本，因此，在高收入国家投资的企业应该具有更高的生产率。他还发现企业生产率的高低与其投资低收入国家数目的多少没有显著的关系，这一结果显然与亚佐娃和尼里（Mrázová & Neary，2013）结论不同②。造成这种研究结果差异的原因，一方面，是所使用的样本数据不同，另一方面，在于对外直接投资的区位选择与动机总是交叉在一起，使得研究的结论不尽一致。

---

① 他们发现影响一个国家与日本或者美国贸易流量增加的因素同样也会促进来自日本或者美国的直接投资。

② 蒋冠宏（2015）关于生产率与投资目的国数目的研究结论与王方方、赵永亮（2012）也有所不同。后者认为，企业生产率越高，投资的东道国的数目会越多。

二、对外直接投资与全球价值链

20 世纪 60 年代，日本以及"亚洲四小龙"通过全球贸易获得持续的经济增长，这种以出口为导向的发展战略引发了一系列问题和思考。格里菲（Gereffi，1999）提出"全球商品链"（global commodity chain，GCC）理论，从微观角度予以解释，并将商品链划分为生产者驱动型（producer-driven）和采购者驱动型（buyer-driven）。不同国家在价值链中的地位、权力和利益分配是不平衡的。在生产者驱动型的价值链中掌握核心技术优势的企业成为价值链的主导者，在采购者驱动型的价值链中则是拥有品牌优势和掌握销售网络的企业，这两类企业基本为发达国家企业，他们获取了大部分的附加值（Henderson et al.，2002），发展中国家企业则往往位于全球价值链中的低附加值环节。不同国家在价值链上的地位可能发生改变，因为企业可以通过"干中学"以及技术和知识的积累改变原有的资源禀赋和比较优势，从而实现从价值链的低端环节向高端环节的攀升，但是不同价值链链节的进入壁垒存在差异，并使得部分国家在全球价值链分工中获益，部分国家的利益受损（Kaplinsky，2000）。被锁定在进入壁垒较低的价值链链节上的国家正是利益受损的一方，在日益激烈的全球竞争中，他们与价值链主导方的收益分配失衡逐渐拉大。对于广大的发展中国家而言，资本、技术、管理能力是其稀缺的要素资源，在生产者驱动型和采购者驱动型的价值链中这些要素正是企业获得价值链主导权的关键。"越来越多的经济租由价值链中的无形部分创造"（Kaplinsky，2000），凸显出研发、设计、品牌、营销网络和渠道、售后服务等的重要性。

对于中国这样的世界级出口商而言，实现产业升级，提升发展中国家及其企业在全球贸易中的地位，嵌入全球商品链是首要一步，并在不断的组织学习中从简单的组装环节上升到代工生产（original equipment manufacturer，OEM），再到原始品牌制造商（original brand manufacture，OBM）。工艺、产品、功能和链条升级通常是位于价值链低端的企业向价值链高端攀升中的一般路径（Humphrey & Schmitz，2000）。通过对外直接投资企业则可能缩短向价值链高端攀升的过程。科古特和常（Kogut & Chang，1991）对企业研发能力和产业结构的研究发现，日本企业对美国的投资主要投向了研发密集型产业，合资是日本企业获取和分享美国技术的重要方式。刘斌等（2015）研究发现对外直接投资能显著提升中国企业在全球价值链中的分工地位，主要表现在对产品升级和功能升级的促进作用。对产品升级的促进作用主要发生在对发达国家的直接投资中，功能升级作用则主要发生在对发展中国家的对外直接投资中。在不同类型的对外直接投资中，研发加工型对外直接投资更有利于价值链升级。

对于位于价值链低端的发展中国家及其企业而言，在向价值链高端攀升过程中，最核心也最困难的环节之一便是获得技术进步和赶超，因此，关于对外直接投资对技术进步的影响研究本质上反映了企业通过对外直接投资改变其在价值链中地位的效果。通过对对外直接投资流量与要素生产率变化之间关系的研究，认为在中国对外直接投资规模尚小、时间尚短的时候，对外直接投资对技术进步的积极作用已经开始显现（赵伟等，2006）[1]。最新的一些研究则显示中国企业对外直接投资对生产率的促进作用具有一定的滞后作用，而且随着投资目的地、投资企业特征的不同对外直接投资对生产率的促进作用也表现出差异性（戴翔，2016；严兵等，2016）[2]。对外直接投资促进母国企业技术进步的原因学者们从不同角度做出了解释。例如，研发费用分摊机制、研发成果反馈机制、逆向技术转移机制和外围研发剥离机制（赵伟等，2006），这其中对外直接投资的逆向技术溢出效应是研究的重点。[3] 王恕立等（2010）将发展中国家对外直接投资对技术进步的作用机理归纳为三个方面：技术寻求机理、研发资源优化配置机理和知识共享机理。[4] 不难看出，以技术进步和创新效应为核心的研究主要体现了企业在生产者驱动型的价值链上寻求价值链升级的努力，对外直接投资的动机中直接或者间接地包含了技术寻求。

---

[1] 对此也有得出不同结论的研究，例如，邹玉娟和陈漓高（2008）认为从 1986 ~ 2006 年中国的对外直接投资与全要素生产率的增长虽然具有同趋势变化的特征，但是对外直接投资增长率对全要素生产率增长率的贡献并不明显。

[2] 需要注意的是虽然这些研究都最新成果，但是研究中所使用的样本仍然以 2010 年以前中国对外直接投资数据为主。

[3] 中国对外直接投资的逆向技术溢出与技术进步的近期研究可参阅陈岩等（2014）、李燕和李应博（2015）、鲁万波等（2015）。

[4] 关于对外直接投资影响技术创新的机制的更多研究可参阅王恕立和李龙（2012）、陈菲琼和虞旭丹（2009）等。

第五节 现有研究评述

对已有文献的回顾显示,在异质性企业分析框架下生产率是研究企业对外直接投资的核心,这方面的研究已经非常丰富,涉及企业国际化的路径选择、市场进入模式选择、区位选择、技术进步等。融资约束对中国企业对外直接投资的影响研究近年来才开始大量出现,这些研究主要集中于回答"融资约束是否抑制了中国企业的对外直接投资",留下了很大的后续研究空间。

首先,金融约束对对外直接投资的作用机理还有待进一步的研究。已有研究的基本思路是检验融资约束对企业是否进行对外直接投资的影响,并在此基础上进行不同类型企业的分样本检验,以及基于不同投资目的国的分样本检验,回答了在对外直接投资企业和非对外直接投资企业之间融资约束的差异性以及差异的显著性程度,对于融资约束如何影响企业对外直接投资的决策过程没有给出清晰的回答。这便构成了本书研究重要内容之一,即对融资约束影响对外直接投资决策的机理进行分析。曼诺娃(Manova,2013)在对融资约束影响异质性企业国际贸易的研究中认为,信贷约束通过三种机制影响了贸易,即对异质性企业进入国内市场的选择效应、对国内制造业企业进行出口的选择效应以及对企业出口水平的选择效应。融资约束的选择效应的重要性在于,它通过放大企业在不同市场范围内的经营成本差异和盈利难度提高了企业市场进入和市场扩张的生产率门槛。企业经营的决策是在投资成本与融资约束的交叉作用下做出的。因此,可以通过细化对外直接投资决策过程来明晰融资约束的作用机制。

其次,融资约束影响企业对外直接投资区位选择的研究还很少。从上述的文献梳理中也可以看出,与区位有关的分析其出发点依然是考察在不同的区位选择中,企业的融资约束呈现怎样的特征,对于融资约束影响区位选择的原因还缺乏更细致的理论上的分析和证明。这便构成了本书研究又一重要内容。

最后,融资约束对企业对外直接投资价值链链节选择的影响,这方面研究也比较少。已有研究主要从生产率的角度分析水平型、垂直型、出口平台型、贸易引致型或者复杂型等对外直接投资模式,考察企业对价值链的分割与布局，融资约束的作用是被忽视的。曼诺娃和余（Manova & Yu，2014）从融资约束角度分析了融资约束对中国企业在全球价值链中地位的影响，认为融资约束的存在将使企业难以从事价值链高端的、对资金具有较高要求的生产环节，融资约束越强企业越被固定在价值链的低端，从事增加值最低、利润空间最小、技术水平最低的组装加工环节。同样的效应可能同样存在于对外直接投资中，融资约束高的企业在对外直接投资中越难以选择价值链高端的活动。这是本书将要研究的又一重要内容，考察融资约束对中国企业对外直接投资价值链延伸的影响。

　　本书对融资约束与企业对外直接投资关系的研究具有重要的现实意义，因为融资约束可能会影响到对外直接投资的福利收益。金融市场疲软会产生资金供应不足和分配不当，导致改革目标达不到最优的效果，无法从全球化过程中获得全部潜在收益。此外，融资约束可能会塑造企业和国家在全球价值链中的地位，对利润、技术外溢和长期增长产生影响。关于这些问题的更深入分析有利于充分了解参与全球化的成本，制定适宜的对外直接投资政策和目标。

第三章

融资约束影响企业对外直接
投资的机理分析

第一节　融资约束影响对外直接投资
　　　　生产率准入门槛的机理分析[①]

本部分的理论框架用来分析融资约束下企业的对外直接投资决策，包括是否对外直接投资以及在不同成本的对外直接投资活动之间的选择。在"新新贸易理论"的经典假设中基于生产率的企业异质性决定了企业是否具有进行国际化经营的能力，本部分的模型想要刻画的是企业在以对外直接投资方式走向国际化经营的过程中，在不同的决策阶段融资约束对生产率水平有着怎样的要求，如何决定了现实中企业对外直接投资的生产率水平，如何与企业的投资决策互动影响企业的行为，进而影响企业的未来发展。

---

① 本节中的理论模型部分，以及与之对应的本书第六章实证研究经整合后，在《山西财经大学学报》2017 年第 10 期发表。

理论模型中将企业对外直接投资的决策过程分为两个阶段。第一个阶段，企业根据自身的生产率水平和融资约束水平决定对外直接投资是否可以作为战略选择的一部分。此时企业面临的对外直接投资决策为进行最低成本的对外直接投资是否可行，在考虑到外部融资带来的融资成本时，企业的生产率是否可以涵盖融资成本并使企业从对外直接投资中获利，如果融资成本发生变化，企业的生产率要如何变化才能保证对外直接投资计划可行。第二个阶段，企业决定是否可以选择成本较高的对外直接投资方案，投资成本较高的项目意味着企业将牺牲部分利润，融资约束下这一问题会更加凸显。

在既定的生产率条件下，企业为什么会选择成本更高的对外直接投资项目，而放弃能够最大化利润的低成本项目？首先，高成本的对外直接投资项目可以是企业发展战略目标的组成部分，或者促进企业发展战略得以实现的重要途径。"战略资产寻求型"对外直接投资是这类投资的典型代表。如果企业所需的战略性资产具有流动性差的特征，企业只有就近才可能获取，例如，人力资本、制度环境（Keefer & Knack，1997）、销售网络、营销渠道等。蔡（Cai，1999）提出了中国企业对外直接投资的四种动机：市场寻求、自然资源寻求、技术和管理技巧寻求以及金融资本寻求。其中，市场寻求是与利润最大化相关性最大的动机，但是市场寻求有可能带来市场地位的巩固、市场份额的增加，并不必然带来利润最大化；自然资源寻求更多的是为了稳定原材料供给，减少外部冲击对生产经营活动的干扰；技术和管理技巧寻求可以提高企业的效率或者生产率，有可能带来利润的增长；金融资本寻求则反映了企业发展过程中面临的资金约束，制约了企业发展空间，与利润最大化也无直接的关系。邓（Deng，2004）指出中国企业的对外直接投资还存在另外两种动机，即战略性资产寻求（例如商标和营销网络）和多样化目标[①]。无论是蔡（Cai，1999）还是邓（Deng，2004），对企业对外直接投资动机划分中利润最大化都只是动机一部分。其他动机在短期内并不一定为企业带来最大化的利润收益，但是却可能关系到企业未来的发展或者改变与竞争对手

---

① 邓（Deng，2004）将中国企业对外直接投资的动机具体划分为资源寻求（resource-seeking）、技术寻求（technology-seeking）、市场寻求（market-seeking）、多样化寻求（diversification-seeking）和战略性资产寻求（strategic asset-seeking），并且他认为中国企业的投资动机往往是复杂的、多重的，并不断变化的。

的力量对比。[1] 另外，高成本的投资项目可以是多个子项目的组合，它们之间可以形成互补性，从而促进企业的成长。因此，企业会通过各种途径克服高成本带来的短期压力，以利用长期而言对企业有利的投资机会。

一、基本假设

如果企业计划以对外直接投资的方式来服务境外市场，他将面临境外市场进入的固定成本 F_D。企业拥有不变边际成本 c/β，其中 $\beta \geqslant 1$，代表了企业的生产率，不同的企业具有不同的生产率水平。[2]

在第零个阶段，企业在完美的资本市场条件下进行对外直接投资决策，影响决策的因素只有生产率。

决策的第一个阶段。假设存在一个成本最低的对外直接投资项目，在不完美的资本市场条件下，企业决定是否投资该项目。在此之前，企业通过过去的生产经营活动积累了一定数量的内部资金，但是投资时仍然可能面临融资约束，因为境外市场的进入成本以及在获得销售收入之前的生产成本需要预先支付。假设企业使用外部融资的概率为 q，则使用内部融资的概率为 $(1-q)$。由于投资人和企业之间存在信息不对称，外部融资成本总是高于内部融资。将使用内部资金的机会成本标准化为 1，每单位外部融资的成本为 $\gamma > 1$。

决策的第二个阶段。包括最低成本的投资项目在内，有多种不同成本的投资项目可供企业选择。这些方案可能涉及更优的区位选择，更高级的价值链链节、多样化的投资目的地或者更大规模的投资等。

二、无融资约束条件下的对外直接投资决策

假设企业面临的境外市场为 Dixit-Stiglitz 垄断竞争市场。给定消费总支出的条件下，偏好差异化产品的代表性消费者的效用函数为：

---

[1] 例如，邓（Deng, 2004）指出，部分中国企业起初通过对外直接投资获取资源和市场，随着海外经营经验的增加，他们利用投资活动来获取新的竞争优势，提升自身在全球市场中的地位。

[2] 简便起见，省略标识企业的下标。

$$U = \left\{ \int_{\omega \in \Omega} \left[x(\omega) \right]^{\frac{\sigma-1}{\sigma}} \mathrm{d}\omega \right\}^{\frac{\sigma}{\sigma-1}} , \quad \sigma > 1 \qquad (3.1)$$

其中，ω 表示某种产异化产品；x 表示产品 ω 的需求量；Ω 为可供消费的产品集；σ 为产品替代弹性。通过最大化代表性消费者的效用可以得到企业的境外市场需求函数：

$$x(\omega) \equiv x = \frac{Yp^{-\sigma}}{P^{1-\sigma}} \qquad (3.2)$$

其中，Y 为消费总支出，p 为企业的产品价格，P 为价格总指数，不随企业价格的变化而变化。为简化起见，将 ω 产品的需求量用 x 表示。

产品需求量对价格求导，得到：

$$\frac{\mathrm{d}x}{\mathrm{d}p} = -\sigma \frac{Yp^{-\sigma-1}}{P^{1-\sigma}} \qquad (3.3)$$

在完美的资本市场条件下，使用内部资金的机会成本与外部资金的成本相同，标准化为 1 后，企业的境外产品销售利润为：

$$\pi_0 = px - \frac{c}{\beta}x - F_D \qquad (3.4)$$

其中，π_0 表示在完美的资本市场条件下或者企业不使用外部融资时的利润；下标 0 表示完美的资本市场条件，或者完全使用内部资金的情形；F_D 为最低成本对外直接投资项目的固定成本。

企业通过最大化利润的方式决定产品的销售价格，对式（3.4）中的利润就产品价格求一阶条件，得到：

$$\frac{\mathrm{d}\pi_\gamma}{\mathrm{d}p} = x + \left(p - \frac{c}{\beta} \right) \frac{\mathrm{d}x}{\mathrm{d}p} = 0 \qquad (3.5)$$

将式（3.2）和式（3.3）代入式（3.5）整理后得到企业的产品价格，并求得企业的产品需求量：

$$p_0 = \frac{c}{\beta} \times \frac{\sigma}{\sigma-1} \qquad (3.6)$$

$$x_0 = \frac{Y}{P^{1-\sigma}} \left(\frac{c}{\beta} \frac{\sigma}{\sigma-1} \right)^{-\sigma} \qquad (3.7)$$

由式（3.6）和式（3.7）可求得完美资本市场条件下企业的境外经营利润：

$$\pi_0 = \frac{Y}{\sigma} \left(\frac{c}{\beta P} \times \frac{\sigma}{\sigma-1} \right)^{1-\sigma} - F_D \qquad (3.8)$$

从式（3.8）中可以看到，在完美资本市场条件下，影响企业是否进行对外直接投资的因素来自两个方面：一是企业的生产率；二是进入境外市场的固定成本。由于固定成本 F_D 是由投资方案决定的，在给定投资方案的条件下，只有生产率这一唯一的因素影响企业的投资决策。企业决定对外直接投资时的生产率临界值为：

$$\hat{\beta}_0 \geqslant \left[F_D \left(\frac{Y}{\sigma} \right)^{-1} \left(\frac{c}{P} \times \frac{\sigma}{\sigma - 1} \right)^{\sigma - 1} \right]^{\frac{1}{\sigma - 1}} \tag{3.9}$$

由式（3.9）可以证明 $\dfrac{\mathrm{d}\hat{\beta}_0}{\mathrm{d}F_D} > 0$，即投资项目的固定成本越高，对外直接投资的生产率准入门槛越高。因此，$\hat{\beta}_0$ 是完美金融市场条件下企业进行最低成本对外直接投资的生产率准入门槛。

三、融资约束条件下的对外直接投资决策

在资本市场是不完美的条件下，如果企业通过外部融资筹集对外直接投资，需要支付高于内部融资的成本。我们将企业的对外直接投资活动分解为两个阶段来考察。在第一阶段，存在成本最低的对外直接投资的项目 L。完全使用外部融资进行项目 L 时，企业的利润为：

$$\pi_\gamma^L = px - \gamma \left(\frac{c}{\beta} x + F_D^L \right), \quad \gamma > 1 \tag{3.10}$$

其中，$\gamma > 1$，反映了外部融资的高成本特征。

相应地，可以求得企业的产品价格、需求量和利润分别为：

$$p_\gamma = \frac{\gamma c}{\beta} \times \frac{\sigma}{\sigma - 1} \tag{3.11}$$

$$x_\gamma = \frac{Y}{P^{1-\sigma}} \left(\frac{\gamma c}{\beta} \times \frac{\sigma}{\sigma - 1} \right)^{-\sigma} \tag{3.12}$$

$$\pi_\gamma^L = \frac{Y}{\sigma} \left(\frac{\gamma c}{\beta P} \times \frac{\sigma}{\sigma - 1} \right)^{1-\sigma} - \gamma F_D^L \tag{3.13}$$

融资约束的条件下，企业是否会投资项目 L，由投资的期望利润决定：

$$E(\pi_\gamma^L) = q \left[\frac{Y}{\sigma} \left(\frac{\gamma c}{\beta P} \times \frac{\sigma}{\sigma - 1} \right)^{1-\sigma} - \gamma F_D^L \right] + (1-q) \left[\frac{Y}{\sigma} \left(\frac{c}{\beta P} \times \frac{\sigma}{\sigma - 1} \right)^{1-\sigma} - F_D^L \right] \tag{3.14}$$

整理式（3.8）可以得到实施项目 L 时，企业的生产率临界值：

$$\hat{\beta}_{\gamma}^{L} \geqslant \left\{ \left[q\gamma + (1-q) \right] F_{D}^{L} \left(\frac{Y}{\sigma} \right)^{-1} \left(\frac{c}{P} \times \frac{\sigma}{\sigma-1} \right)^{\sigma-1} \left[q\gamma^{1-\sigma} + (1-q) \right]^{-1} \right\}^{\frac{1}{\sigma-1}}$$

$$(3.15)$$

从式（3.15）可以看到，影响生产率临界值的因素包括投资项目 L 的固定成本 F_{D}^{L}、融资成本 γ 和外部融资概率 q。由于已经假设项目 L 的固定成本是最低的，因此可以将 F_{D}^{L} 看作是一个不受企业控制的外生影响因素，企业可以施加影响的是自身的生产率。投资项目 L 的生产率满足如下条件：

$$\hat{\beta}_{\gamma}^{L} - \hat{\beta}_{0} = \left\{ \left[q\gamma + (1-q) \right] F_{D}^{L} \left(\frac{Y}{\sigma} \right)^{-1} \left(\frac{c}{P} \times \frac{\sigma}{\sigma-1} \right)^{\sigma-1} \left[q\gamma^{1-\sigma} + (1-q) \right]^{-1} \right\}^{\frac{1}{\sigma-1}}$$

$$- \left[F_{D} \left(\frac{Y}{\sigma} \right)^{-1} \left(\frac{c}{P} \times \frac{\sigma}{\sigma-1} \right)^{\sigma-1} \right]^{\frac{1}{\sigma-1}} = \left\{ \left[F_{D}^{L} \left(\frac{Y}{\sigma} \right)^{-1} \left(\frac{c}{P} \times \frac{\sigma}{\sigma-1} \right)^{\sigma-1} \right]^{\frac{1}{\sigma-1}} \right\}$$

$$\left(\left\{ \left[q\gamma + (1-q) \right] \left[q\gamma^{1-\sigma} + (1-q) \right]^{-1} \right\}^{\frac{1}{\sigma-1}} - 1 \right) > 0,$$

$$\gamma > 1, \ \sigma > 1, \ q \leqslant 1, \ F_{D}^{L} = F_{D} \qquad (3.16)$$

即 $\hat{\beta}_{\gamma}^{L} > \hat{\beta}_{0}$（如图 3-1 所示），因为当 $\gamma > 1$，$\sigma > 1$，$F_{D} = F_{D}^{L}$ 时，$\left[q\gamma + (1-q) \right] \left[q\gamma^{1-\sigma} + (1-q) \right]^{-1} > 1$。

生产率满足 $\hat{\beta}_{\gamma}^{L} > \hat{\beta}_{0}$ 后，项目 L 产生的外部融资成本成为企业需要进一步考虑的问题。由式（3.15）可以证明：$\dfrac{d\hat{\beta}_{\gamma}^{L}}{d\gamma} > 0$，$\dfrac{d\hat{\beta}_{\gamma}^{L}}{dq} > 0$，即融资成本越高、外部融资概率越大时，企业投资项目 L 的生产率临界值就越高。这是因为只有拥有更高生产率，项目 L 的收益才能在支付外部融资成本后，仍然让企业有利可图。

因此，对于成本最低的项目 L 而言，企业投资决策的生产率临界值是在满足 $\hat{\beta}_{0}$ 的基础上，由融资成本决定的。投资项目 L 时生产率的变化满足下面的条件：

$$\frac{d(\hat{\beta}_{\gamma}^{L} - \hat{\beta}_{0})}{dq} = \left\{ \left[F_{D}^{L} \left(\frac{Y}{\sigma} \right)^{-1} \left(\frac{c}{P} \times \frac{\sigma}{\sigma-1} \right)^{\sigma-1} \right]^{\frac{1}{\sigma-1}} \right\}$$

$$\left(\frac{1}{\sigma-1} \left\{ \left[q\gamma + (1-q) \right] \left[q\gamma^{1-\sigma} + (1-q) \right]^{-1} \right\}^{\frac{2-\sigma}{1-\sigma}} \right)$$

$$\left(\left\{ \begin{array}{l} (\gamma-1) \left[q\gamma^{1-\sigma} + (1-q) \right]^{-1} + \left[q\gamma + (1-q) \right] \\ (1-\gamma^{1-\sigma}) \left[q\gamma^{1-\sigma} + (1-q) \right]^{-2} \end{array} \right\} \right) > 0 \quad (3.17)$$

$$\frac{d(\hat{\beta}_\gamma^L - \hat{\beta}_0)}{d\gamma} = \left\{ \left[F_D^L \left(\frac{Y}{\sigma} \right)^{-1} \left(\frac{c}{P} \times \frac{\sigma}{\sigma-1} \right)^{\sigma-1} \right]^{\frac{1}{\sigma-1}} \right\}$$

$$\left(\frac{1}{\sigma-1} \left\{ \left[q\gamma + (1-q) \right] \left[q\gamma^{1-\sigma} + (1-q) \right]^{-1} \right\}^{\frac{2-\sigma}{1-\sigma}} \right)$$

$$\left(\left\{ \begin{matrix} q \left[q\gamma^{1-\sigma} + (1-q) \right]^{-1} + \left[q\gamma + (1-q) \right] \\ (\sigma-1) q\gamma^{-\sigma} \left[q\gamma^{1-\sigma} + (1-q) \right]^{-2} \end{matrix} \right\} \right) > 0 \qquad (3.18)$$

也就是说，γ 与 q 越高，对外直接投资的实际生产率门槛就会越高于 $\hat{\beta}_0$。于是，$\hat{\beta}_\gamma^L$ 代表了真实世界中企业进行最低成本对外直接投资的生产率准入门槛。

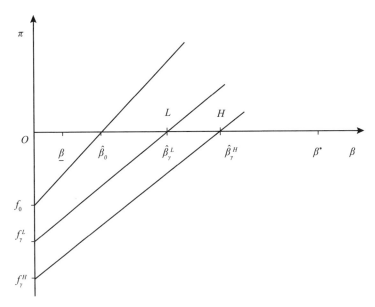

图3-1　生产率准入门槛

注：$f_0 = F_D$ 为完美资本市场条件下进行最低成本对外直接投资项目 L 时，$\pi_0 = 0$ 的截距；$f_\gamma^L = q\gamma F_D^L + (1-q) F_D^L$，为融资约束条件下进行最低成本对外直接投资项目 L 时，$\pi_\gamma^L = 0$ 的截距；$f_\gamma^H = \delta q\gamma F_D^L + \delta(1-q) F_D^L$，为融资约束条件下进行高成本对外直接投资项目 H 时，$\pi_\gamma^H = 0$ 的截距。

四、不同成本对外直接投资项目的选择

达到对外直接投资最低成本项目 L 的生产率水平后，企业将进一步优化对外直接投资项目。假设能够进行项目 L 的企业总是拥有高于 $\hat{\beta}_\gamma^l$ 的实际生产率水平 β^*，即 $\beta^* > \hat{\beta}_\gamma^l$。假设优化方案为项目 H，成本高于项目 L，而且随着

优化程度的提高，成本不断上升。

假设项目 H 和项目 L 的成本差异仅在于境外市场的进入固定成本，即 $F_D^H = \delta F_D^L > F_D^L$，$\delta > 1$。当企业不需要外部融资时，产品价格由式（3.6）决定，使用外部融资时，产品价格由式（3.11）决定。企业选择项目 H 的期望利润为：

$$E(\pi^H) = q\left[\frac{Y}{\sigma}\left(\frac{\gamma c}{\beta} \times \frac{\sigma}{\sigma - 1}\right)^{1-\sigma} - \gamma \delta F_D^L\right] + (1-q)\left[\frac{Y}{\sigma}\left(\frac{c}{\beta} \times \frac{\sigma}{\sigma - 1}\right)^{1-\sigma} - \delta F_D^L\right]$$

$$(3.19)$$

由式（3.19）可以求得企业选择项目 H 所需的生产率水平：

$$\hat{\beta}_\gamma^H \geqslant \left\{\left[q\gamma + (1-q)\right]\delta F_D^L\left(\frac{Y}{\sigma}\right)^{-1}\left(\frac{c}{\beta} \times \frac{\sigma}{\sigma - 1}\right)^{\sigma-1}\left[q\gamma^{1-\sigma} + (1-q)\right]^{-1}\right\}^{\frac{1}{\sigma-1}}$$

$$(3.20)$$

由于 $\delta > 1$，$\sigma > 1$，给定其他条件相同时，$\hat{\beta}_\gamma^H > \hat{\beta}_\gamma^L$（如图 3 - 1 所示）。同样地，可以证明 $\frac{d\hat{\beta}_\gamma^H}{d\gamma} > 0$，$\frac{d\hat{\beta}_\gamma^H}{d\delta} > 0$，$\frac{d\hat{\beta}_\gamma^H}{dq} > 0$。由式（3.20）可知，企业优化对外直接投资项目时，生产率准入门槛由 q、γ 和 δ 决定，即优化项目的投资成本越高、融资约束越强时，企业实施投资计划的生产率准入门槛越高。

五、融资约束影响对外直接投资生产率准入门槛的假说

图 3 - 1 中，β 代表了完美的资本市场条件下，企业进入国内市场的最低生产率水平。企业想要克服对外直接投资的沉没成本，只有提高生产率这个唯一的途径（排除可能存在的政府干预等因素）。企业在完美资本市场下达到盈亏平衡点的生产率为式（3.9）中的 $\hat{\beta}_0$，显然 $\hat{\beta}_0 > \beta$。$\hat{\beta}_0$ 的具体位置由对外直接投资的具体方案决定，在图 3 - 1 中我们将它放置于 $\hat{\beta}_\gamma^L$ 的左侧，代表了没有融资约束时进行成本最低的投资项目所需的生产率临界值。

资本市场总是不完美的。如果从外部融资，即使选择成本最低的投资项目 L，企业也需要达到一个更高的生产率，以便实现盈亏平衡，即图 3 - 1 中的 $\hat{\beta}_\gamma^L$。因此，$\hat{\beta}_\gamma^L$ 与 $\hat{\beta}_0$ 之间距离反映了项目 L 的融资成本。距离越大，企业进行对外直接投资的生产率准入门槛就越高。由于已经假定项目 L 的成本最低，企业只有通过提高生产率来克服融资约束的影响。因此，$\hat{\beta}_\gamma^L$ 是企业在不

完美资本市场条件下进行对外直接投资需要满足的最低生产率水平。达到这一生产率水平后，对外直接投资进入企业发展的战略选项；否则，企业将致力于进一步提升其生产率。于是，我们得到假说3.1和假说3.2。

假说3.1：企业进行对外直接投资时需要满足最低生产率准入门槛，即融资约束条件下成本最低的投资项目所需的生产率水平。

假说3.2：融资约束增强会提高企业进行对外直接投资的生产率准入门槛。

图3-1中我们用H点表示企业最终选择的投资项目。H点向右移动说明对外直接投资的成本上升。H点与$\hat{\beta}_\gamma^L$之间的距离反映了优化的投资项目H与最低成本投资项目L之间的成本差异。距离越大，项目H的成本越高，达到盈亏平衡所需的生产率水平越高。

假设企业的真实生产率为β^*，且$\beta^* > \hat{\beta}_\gamma^H$，则$\beta^*$与$\hat{\beta}_\gamma^L$之间的距离反映了企业所有对外直接投资项目的可行集。$\hat{\beta}_\gamma^L$与$\hat{\beta}_\gamma^H$之间的距离反映了保证一定利润的条件下，企业的对外直接投资项目可行集。β^*越往右，H点向右移动的空间就越大，越有利于企业优化对外直接投资方案。如果β^*向右移动的速度总是快于$\hat{\beta}_\gamma^H$的移动速度，企业即可以实施多样化的投资，又可以增加投资利润。

给定β^*不动，投资方案选择项目H不变，如果企业的融资条件改善、融资能力增强，则$\hat{\beta}_\gamma^L$和$\hat{\beta}_\gamma^H$会向左移动，意味着更多的企业可以进行对外直接投资，并选择更理想的投资项目。如果融资条件恶化，使得$\hat{\beta}_\gamma^L$或者$\hat{\beta}_\gamma^H$移动到β^*的右侧，意味着企业将无法进行对外直接投资，而要致力于提高生产率。事实上，当企业选择不同成本的投资项目时，企业的生产率水平是既定的。因此，在决策的第二阶段融资约束的作用更突出，可以影响对外直接投资的预期利润，进而改变决策。如果在既定的生产率水平下对外直接投资项目可行集中缺少企业需要的投资项目，或者投资成本超出企业生产率的承载范围，企业可能放弃投资。这就是为什么生产率高的企业不一定对外直接投资。

假说3.3：融资约束不但会降低企业参与对外直接投资的概率，还会降低企业选择高成本投资项目的概率。

假说3.4：融资条件改善可以降低对外直接投资的生产率准入门槛，提高企业参与对外直接投资并选择高成本投资项目的概率。

第二节 融资约束影响对外直接投资
区位选择的机理分析

本节的目的是刻画融资约束对企业对外直接投资区位选择的影响机理。以敖和李（Aw & Lee，2014）的模型为基础，将企业的市场需求、生产率异质性以及融资约束结合起来，分析在融资约束的影响下，相比融资约束的情形企业对外直接投资的区位选择会发生怎样的变化。

一、基本假设

假设母国企业可以通过出口或者在境外建立子公司在当地进行生产两种途径向他国提供最终产品。每家企业只生产一种差异化产品。境外市场的消费者具有不变替代弹性（CES）的效用函数：

$$U = \left\{ \sum_{i=1}^{n} \left[\alpha(i)^{\lambda} x(i) \right]^{\frac{\sigma-1}{\sigma}} \right\}^{\frac{\sigma}{\sigma-1}} \qquad (3.21)$$

其中，$\alpha(i)$ 为需求指数，反映了消费者对差异化产品 i 的偏好，例如，对产品质量、品牌等的偏好；$\lambda > 0$，反映了消费者对差异化产品的偏好程度在不同国家之间的差异，该参数代表了国家特征，λ 取值越大，表明消费者的边际效用随着差异化产品 i 消费的增加而增加，即 $\frac{\partial U}{\partial \alpha(i)} > 0$；$x(i)$ 为差异化产品 i 的消费数量；$\sigma > 1$，为任意两种差异化产品之间的替代弹性。

通过效用函数可以得到国外市场消费者对产品 i 的需求量：

$$x_f(i) = \frac{E_f}{P_f} \alpha(i)^{\lambda(\sigma-1)} p(i)^{-\sigma} \qquad (3.22)$$

其中，E_f 为出口目的地国家或者对外直接投资东道（以下简称为东道国）的总消费，p_f 为东道国所有差异化产品的价格指数，$P_f = \sum_{j=1}^{n} \alpha(j)^{\lambda(\sigma-1)} p(j)^{1-\sigma}$。给定产品价格时，相比 λ 较低的国家的消费者，λ 高的国家的消费者消费更多的高 $\alpha(i)$ 的差异化产品。

用 $\omega(i)$ 表示企业 i 的生产率水平，不同的企业拥有不同的生产率水平，但是在企业内部生产率是可以完全复制的，因此位于不同区位中的子公司会拥有与母公司相同的生产率水平。

如果企业在母国（用 d 表示）生产产品 i，在东道国进行销售，生产所需支付不变的边际成本 C_{df}，如果在东道国生产并在东道国销售产品，则生产所需支付的边际成本为 c_{ff}：

$$c_{df}(i) = W_d \omega(i)^{-1} \alpha(i)^{\xi_d}, \ \xi_d > 0 \qquad (3.23)$$

$$c_{ff}(i) = W_f \omega(i)^{-1} \alpha(i)^{\xi_f}, \ \xi_f > 0 \qquad (3.24)$$

其中，W_d 和 W_f 分别为在国内的工资水平和在东道国的工资水平；$\omega(i)$ 为生产产品 i 的企业的生产率，由于已经假定了一家企业只生产一种差异化产品，产品的标识 i 也可以用来表示企业；$\xi_d = \frac{\partial c_{df}}{\partial \alpha} \times \frac{\alpha}{c_{df}}$，表示 $\alpha(i)$ 每上升 1% 时，在母国生产时边际成本的增长率，ξ_f 则表示在东道国生产时边际成本的增长率。生产的边际成本与需求指数 $\alpha(i)$ 相关，生产需求指数较高的产品会产生较高的边际成本，因为扩大消费群体或者提高产品质量都会产生额外的成本。劳动力是模型中唯一的生产要素，工资水平则由国家层面的因素决定，生产高需求指数的产品需要更多的"有效劳动"，导致边际成本随 $\alpha(i)$ 上升。在不同的国家 ξ 不同，体现了各国在生产 $\alpha(i)$ 为代表的差异化产品时的技术水平差异。ξ 越大，生产成本越高，对于 $\alpha(i)$ 较高的产品需要收取越高的销售价格。高价格将会减少需求量，给定其他条件不变，企业的收入减少。

二、无融资约束条件下的对外直接投资区位选择

（一）境外市场的利润决定

企业 i 以母国的边际成本进行生产，并在东道国销售产品的利润为：

$$\pi_{df}(i) = p(i)x(i) - c(i)x(i) - C_f \qquad (3.25)$$

其中，C_f 为服务东道国消费者需要支付的固定成本。①

在垄断竞争市场条件下，企业通过最大化其利润来决定产品的销售价格，

---

① 此处，并没有设定以什么方式来服务国外市场的消费者，所以 C_f 反映了以任何一种方式服务国外消费者时可能增加的可变成本和固定成本。

对式（3.25）求一阶条件：

$$\frac{\mathrm{d}\pi_{df}(i)}{\mathrm{d}p(i)} = x(i) + [p(i) - c_{df}(i)]\frac{\mathrm{d}x(i)}{\mathrm{d}p(i)} = 0 \qquad (3.26)$$

由式（3.22）可以得到：

$$\frac{\mathrm{d}x(i)}{\mathrm{d}p(i)} = -\sigma\frac{E_f}{P_f}\alpha(i)^{\lambda_f(\sigma-1)}p(i)^{-\sigma-1} \qquad (3.27)$$

将式（3.22）和式（3.27）代入式（3.26），可以得到产品的销售价格、产品需求量，进而计算出企业的销售利润：

$$p_{df}(i) = \frac{\sigma}{\sigma-1}c_{df}(i) \qquad (3.28)$$

$$\pi_{df}(i) = \frac{E_f}{\sigma P_f}\alpha(i)^{\lambda_f(\sigma-1)}\left(\frac{\sigma}{\sigma-1}\right)^{1-\sigma}\left[W_d^{1-\sigma}\omega(i)^{\sigma-1}\alpha(i)^{\xi_d(1-\sigma)}\right] - C_f$$

$$(3.29)$$

可以进一步地将式（3.29）改写为：

$$\pi_{df}(i) = \frac{E_f}{\sigma P_f}\left(\frac{\sigma}{\sigma-1}\right)^{1-\sigma}\left[W_d^{1-\sigma}\omega(i)^{\sigma-1}\alpha(i)^{(\sigma-1)(\lambda_f-\xi_d)}\right] - C_f \qquad (3.30)$$

从式（3.30）中可以看到，给定固定成本 C_f，东道国消费者的需求偏好 $\alpha(i)$ 对企业利润的影响是由 λ_f 和 ξ_d 的相对大小决定的。例如，假设东道国的消费者偏好高质量的产品，产品质量每上升一个单位，消费者就会获得额外的效应，即 λ_f 上升，同时生产该产品的边际成本也会上升，即 ξ_d 上升。当 $\lambda_f > \xi_d$ 时，消费者的效用增长快于边际成本增长，效用增加带来的消费量增长会超过成本上升（价格上升）导致的消费量减少，于是企业的利润增加，而且拥有较大 $\alpha(i)$ 的企业利润增长快于较小 $\alpha(i)$ 的企业。反之，如果 $\lambda_f < \xi_d$，边际成本的增加快于消费者效用的增加，则企业的 $\alpha(i)$ 越大，利润下降的越多。因此，利润的多少取决于不同区位生产时的边际成本、东道国消费者的边际效用以及服务东道国消费者需要支付的市场进入成本。

（二）境外市场进入方式的决定

本国生产企业可以通过两种途径来服务东道国的消费者：第一，在本国生产，然后出口到东道国；第二，在东道国建厂生产，即进行对外直接投资。如果选择出口方式则会产生运输成本（$\tau > 1$）和市场进入的固定成本 C_{fx}。如果选择对外直接投资方式，则需要在当地设立工厂，支付固定成本 C_{ff}，并且假设 $C_{ff} > C_{fx}$。于是，企业出口或者进行对外直接投资的利润可以具体化为：

$$\pi_{Export}(i) = \frac{E_f}{\sigma P_f}\left(\frac{\sigma}{\sigma-1}\right)^{1-\sigma}\left[\tau^{1-\sigma}W_d^{1-\sigma}\omega(i)^{\sigma-1}\alpha(i)^{(\sigma-1)(\lambda_f-\xi_d)}\right] - C_{fx} \quad (3.31)$$

$$\pi_{OFDI}(i) = \frac{E_f}{\sigma P_f}\left(\frac{\sigma}{\sigma-1}\right)^{1-\sigma}\left[W_f^{1-\sigma}\omega(i)^{\sigma-1}\alpha(i)^{(\sigma-1)(\lambda_f-\xi_f)}\right] - C_{ff} \quad (3.32)$$

当 $\pi_{Export}(i) > 0$ 或者 $\pi_{OFDI}(i) > 0$ 时，企业会选择出口或者对外直接投资的方式服务国外市场，当 $\pi_{OFDI}(i) > \pi_{Export}(i)$ 时企业更可能选择以对外直接投资的方式服务境外市场。

企业之间的差异表现在两个方面：生产率 $\omega(i)$ 和需求指数 $\alpha(i)$。在其他条件相同时，生产率越高的企业利润的可变部分越大，越容易克服出口或者对外直接投资产生的固定成本；$\alpha(i)$ 对利润的影响取决于外国消费者的效用增加（λ_f）是否快于企业为提供这一高效用所支付的边际成本的增加（出口时为 ξ_d，对外直接投资时为 ξ_f）。

（1）当成本的影响总是强于效用的影响时，即 $\lambda_f < \gamma_d$ 和 $\lambda_f < \gamma_f$，需求指数 a 越高的企业利润的可变部分就越小，企业越不可能进行出口或者对外直接投资。

（2）如果效用的影响介于两种成本弹性之间，企业会选择在成本弹性低的国家生产。如果 $\xi_d < \lambda_f < \xi_f$，即在母国生产的成本弹性更小，随着 $\alpha(i)$ 的增加，出口的利润会上升，对外直接投资的利润会下降，拥有高需求指数 $\alpha(i)$ 的企业会更倾向于选择在母国生产，然后出口到东道国。反之，如果 $\xi_f < \lambda_f < \xi_d$，需求指数 $\alpha(i)$ 高的企业会更倾向于到东道国进行直接投资。

（3）如果国外消费者的边际效用大于国内和国外生产的成本弹性，即 $\lambda_f > \xi_d$ 同时 $\lambda_f > \xi_f$，无论是出口还是对外直接投资，需求指数 $\alpha(i)$ 高的企业都会获得更多的可变利润。只有当 $\pi_{OFDI}(i) > \pi_{Export}(i)$ 时，企业才会选择对外直接投资。由此可以得到企业选择对外直接投资的条件：

$$\Delta\pi(i) = \pi_{OFDI}(i) - \pi_{Export}(i)$$

$$= \frac{E_f}{\sigma P_f}\left(\frac{\sigma}{\sigma-1}\right)^{1-\sigma}\omega(i)^{\sigma-1}\left[W_f^{1-\sigma}\alpha(i)^{(\sigma-1)(\lambda_f-\xi_f)} - \tau^{1-\sigma}W_d^{1-\sigma}\alpha(i)^{(\sigma-1)(\lambda_f-\xi_d)}\right] - C_{ff} + C_{fx}$$

$$= \frac{E_f}{\sigma P_f}\left(\frac{\sigma}{\sigma-1}\right)^{1-\sigma}\omega(i)^{\sigma-1}W_f^{1-\sigma}\alpha(i)^{(\sigma-1)(\lambda_f-\xi_f)}\left[1 - \tau^{1-\sigma}\left(\frac{W_d}{W_f}\right)^{1-\sigma}\alpha(i)^{(\sigma-1)(\xi_f-\xi_d)}\right] - F_f > 0$$

$$(3.33)$$

其中，$F_f = C_{ff} - C_{fx}$。

从式（3.33）的中间部分 $\omega(i)^{\sigma-1} W_f^{1-\sigma} \alpha(i)^{(\sigma-1)(\lambda_f-\xi_f)}$ 看，生产率更高和需求指数更大的企业利润的可变部分越高，因此更容易克服对外直接投资比出口高的固定成本。如果企业的需求指数 $\alpha(i)$ 较小，较高的生产率则可以弥补低 $\alpha(i)$ 带来的负面影响，反之亦然，不过 $\omega(i)$ 与 $\alpha(i)$ 之间的补偿机制是有限的。在其他条件不变时，式（3.30）中可变利润 $\left[1 - \tau^{1-\sigma} \left(\dfrac{W_d}{W_f}\right)^{1-\sigma} \alpha(i)^{(\sigma-1)(\xi_f-\xi_d)}\right]$ 则显示需求指数 $\alpha(i)$ 越高的企业，对外直接投资相对于出口的利润越小，因此 $\alpha(i)$ 对企业决策的影响是双向的。图 3-2 中采用一条斜率为负的零利润曲线来反映生产率与需求指数之间的补偿机制。生产力和需求指数在零利润曲线之上的企业进行对外直接投资，生产率和需求指数在零利润曲线之下的企业通过出口来满足国外市场的需求。

零利润曲线的位置取决于对外直接投资的相对固定成本（F_f）、出口的运输成本（τ）、东道国的工资水平（W_f）及其消费者的偏好程度（λ_f）以及在东道国生产高需求指数产品的生产技术水平（ξ_f）。当对外直接投资的相对固定成本 F_f 和东道国的工资水平 W_f 上升时，或者出口运输成本 τ 下降时，对外直接投资的利润相对于出口利润下降，零利润曲线向上移动到 $\Delta\pi' = 0$。也就是对外直接投资的成本上升，相对于出口的收益下降，低生产率和需求指数的企业（两条零利润曲线之间区域内的企业）由于无法克服对外直接投资的高固定成本，将更可能通过出口来服务境外市场。

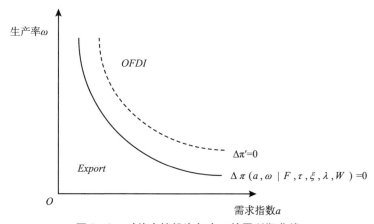

图 3-2　对外直接投资与出口的零利润曲线

　　通常高收入国家的消费者会更加偏好差异化的产品，假设在高收入国家企业拥有的 $\alpha(i)$ 更高、消费者的边际效用 λ 更高、生产的边际成本 γ 更低。在图 3 - 3 中 $\Delta\pi_H = 0$ 表示当东道国为高收入国家时的零利润曲线。如果在东道国生产需求指数 $\alpha(i)$ 较高的产品的边际成本 ξ_f 上升，会使零利润曲线更加平坦 ［图 3 - 3 中 $\Delta\pi_L(\xi_f\uparrow) = 0$］，一部分生产率 $\omega(i)$ 较低、$\alpha(i)$ 较大的企业将放弃对外直接投资，转而通过出口服务东道国市场。一部分生产率较高、需求指数较低的企业会由出口转向进行对外直接投资。

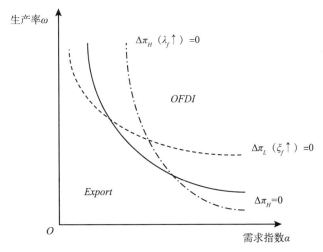

图 3 - 3　零利润曲线随 ξ_f 与 λ_f 的变化

　　如果高收入国家的消费者对高需求指数产品的偏好程度增强，即 λ_f 变大，则零利润曲线会更加陡峭 ［图 3 - 3 中的 $\Delta\pi_H(\lambda_f\uparrow) = 0$ 曲线］，因为消费者偏好的增强意味着企业可以获得更多的利润。一些生产率较低、需求指数较大的企业从出口转为在发达国家进行对外直接投资，一些生产率高、需求指数小的企业则由对外直接投资转为出口。

　　以上分析表明，企业是否以对外直接投资的方式服务境外市场与该市场中消费者对差异化产品的偏好程度以及生产该类产品的边际成本相关。在对差异化产品偏好较强的国家，企业可以利用生产率与需求指数之间的补偿机制，降低对外直接投资的生产率准入门槛，更多低生产率、高需求指数的企业进行对外直接投资。由于高收入国家的消费者通常具有更高的消费能力，因此，生产高需求指数产品的企业更可能以较低的生产率水平进入高收入国家直接投资，这便使得对外直接投资企业的生产率不一定高于出口企业的生产率。如果东道国的生产成本上升，生产率与需求指数之间的补偿机制减弱，甚至可能消失，企业进行对外直接投资的生产率准入门槛将会上升。由于低收入国家消费者的消费能力通常弱于高收入国家消费者，而且生产差异化产品的技术水平、人力资本等条件也较低，反而可能增加生产差异化产品的边际成本。因此，在低收入国家投资生产高需求指数差异化产品时，生产率准入门槛反而可能高于高收入国家的生产率准入门槛。下面将更详细地讨论东道国市场特征对企业对外直接投资的生产率准入门槛的影响。

（三）东道国市场特征对企业对外直接投资生产率的影响

当 $\Delta\pi(i)=0$ 时，可以求得企业选择对外直接投资的生产率临界值：

$$\hat{\omega}(i) - F_f^{\sigma-1}\left[\frac{E_f}{\sigma P_f}\left(\frac{\sigma}{\sigma-1}\right)^{1-\sigma}\right]^{\frac{1}{1-\sigma}} W_f\alpha(i)^{-(\lambda_f-\xi_f)}\left[1-\tau^{1-\sigma}\left(\frac{W_d}{W_f}\right)^{1-\sigma}\alpha(i)^{(\sigma-1)(\xi_f-\xi_d)}\right]^{\frac{1}{1-\sigma}}$$

$$(3.34)$$

（1）当 $\lambda_f > \gamma_f$ 时，式（3.34）中的 $\alpha(i)^{-(\lambda_f-\xi_f)}$ 意味着生产率 $\omega(i)$ 与需求指数 $\alpha(i)$ 之间负相关，如图 3-3 中的零利润曲线 $\Delta\pi=0$ 所示。如果消费者对高 $\alpha(i)$ 的产品的偏好程度下降（$\lambda_f\downarrow$），或者其生产边际成本上升（$\xi_f\uparrow$），即 $\lambda_f-\xi_f$ 变小，随着 $\alpha(i)$ 上升，零利润曲线就会更加平坦 $[\Delta\pi(\xi_f\uparrow)=0]$，生产率门槛上升以便补偿上升了的生产成本。

（2）当 $\xi_d > \xi_f$ 时，即在母国的边际生产成本高于东道国的边际生产成本，式（3.34）中的 $\left[1-\tau^{1-\sigma}\left(\frac{W_d}{W_f}\right)^{1-\sigma}\alpha(i)^{(\sigma-1)(\xi_f-\xi_d)}\right]^{\frac{1}{1-\sigma}}$ 部分意味着生产率 $\omega(i)$ 与 $\alpha(i)$ 之间仍然为负相关。

（3）当 $\xi_d < \xi_f$ 时，即在母国生产的边际成本要低于在东道国生产，式（3.34）中的 $\left[1-\tau^{1-\sigma}\left(\frac{W_d}{W_f}\right)^{1-\sigma}\alpha(i)^{(\sigma-1)(\xi_f-\xi_d)}\right]^{\frac{1}{1-\sigma}}$ 部分意味着企业需求更高的生产率才能达到零利润曲线。这将使得零利润曲线变得更加平坦，如图 3-3 中曲线 $\Delta\pi(\xi_f\uparrow)=0$ 所示，东道国较高的边际生产成本使得只有生产率更高的企业才能在该国进行直接投资。此时，ξ_f 只会在较低到中等程度上高于 ξ_d。

（4）$\xi_f \gg \xi_d$，即如果在东道国生产的边际成本远远高于在母国生产（东道国为低收入国家），则利润曲线的斜率会变为正，如图 3 - 4 所示（$\Delta \boldsymbol{\pi}_L = 0$），因为 $\left[1 - \tau^{1-\sigma} \left(\dfrac{W_d}{W_f} \right)^{1-\sigma} \alpha(i)^{(\sigma-1)(\xi_f - \xi_d)} \right]^{\frac{1}{1-\sigma}} < 0$，对外直接投资的利润小于出口利润。

（四）东道国市场特征对对外直接投资区位选择的影响

图 3 - 4 进一步给出了企业基于东道国市场特征进行对外直接投资时的区位选择。当东道国为收入水平较低的低收入国家时，消费者对差异化产品的偏好较低，即 $\alpha(i)$ 较小，同时生产这些差异化产品所需的技术和人力资本稀缺，导致生产成本极高。如果企业要在低收入国家生产 $\alpha(i)$ 较高的产品，则需要很高的生产率才足以支付投资成本。因此，在低收入的低收入国家投资时 $\alpha(i)$ 与 $\omega(i)$ 之间为正相关，即 $\xi_f \gg \xi_d$ 时的情形。图 3 - 4 中用 $\Delta \pi_L = 0$ 这条曲线来表示企业决策是否向低收入国家投资时的零利润曲线。在该条曲线的左侧，企业进行对外直接投资，曲线右侧的企业通过出口来服务低收入国家的消费者。

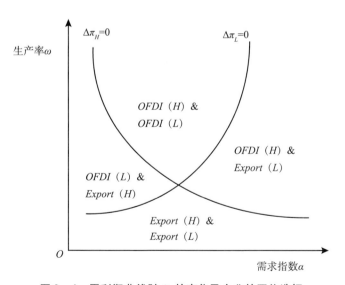

图 3 - 4   零利润曲线随 ξ_f 的变化及企业的区位选择

在收入水平高的高收入国家消费者对差异化产品 i 的偏好较强，即 $\alpha(i)$ 更高，企业可以通过各种方式提高消费者对产品的体验，例如，开展各种促销活动、提高产品质量、更新产品设计等，虽然会带来生产成本上升和价格上升，但是消费者的效用增加可能快于产品价格增长，于是更高 $\alpha(i)$ 的企业有可能进入。同时高收入国家拥有先进的技术和管理、良好的创新条件、更完善的金融体系、更丰富的高级人力资本，这些都会降低生产高 $\alpha(i)$ 产品的成本，帮助高 $\alpha(i)$ 企业克服投资成本，降低市场进入的生产率门槛。因此，在高收入国家投资的企业其生产率与需求指数之间呈现负相关的关系。图 3 – 4 中用 $\Delta\pi_H = 0$ 表示决定是否到高收入国家直接投资时的零利润曲线，曲线右侧的企业选择对外直接投资，曲线左侧的企业选择以出口方式服务东道国消费者。

图 3 – 4 中 $\Delta\pi_H = 0$ 和 $\Delta\pi_L = 0$ 将企业的区位选择分为了四部分：$OFDI(H)$ & $OFDI(L)$、$Export(H)$ & $Export(L)$、$OFDI(H)$ & $Export(L)$ 以及 $OFDI(L)$ & $Export(H)$。在 $OFDI(H)$ & $OFDI(L)$ 区域内的企业既可以在高收入国家也可以在低收入国家进行直接投资。当投资目标为高收入国家时，企业可以利用生产率与消费者的需求偏好之间的补偿机制，以较低的生产率进入高收入国家；当投资目标为低收入国家时，企业则是以高生产率来抵销消费者需求偏好低和生产成本高的劣势。

在 $Export(H)$ & $Export(L)$ 区域内的企业只通过出口来服务境外市场。这一区域内的企业的生产率总是低于 $OFDI(H)$ & $OFDI(L)$ 内企业的生产率。在 $OFDI(H)$ & $Export(L)$ 区域内的企业向高收入国家直接投资，向低收入国家出口，这些企业的生产率有高有低，它们的共同特征是都拥有较高的需求指数。当东道国为高收入国家时采用直接投资的方式进入，当东道国为低收入国家时采用出口的方式进入当地市场。与之相反的是 $OFDI(L)$ & $Export(H)$ 区域内的企业，这个区域内的企业的需求指数都较低，当东道国为高收入国家时以出口的方式服务当地消费者，当东道国为低收入国家时则以直接投资的方式服务当地消费者。可以看到，出口企业的生产率不一定低于对外直接投资企业，投资高收入国家的企业的生产率不一定高于投资低收入国家企业的生产率。企业对外直接投资的生产率准入门槛与企业产品特征和东道国市场特征密切相关。

理论模型的分析说明，影响企业对外直接投资区位选择的因素主要源于两个方面。一般而言，无论对外直接投资目的地是哪里，对外直接投资企业的生产率会高于非对外直接投资企业。另一个因素为差异化产品的需求指数。对高需求指数产品偏好强的国家会吸引专注于生产高需求指数产品的企业。生产高需求指数产品的企业更倾向于到收入水平高、经济发达的国家（地区）投资，因为经济发达地区的消费者更加偏好高质量、高技术含量的产品，而且由于拥有先进的技术和高技术工人，高收入国家在此类产品的生产上更具有优势，即对于差异化产品 i 而言，它在高收入国家的 $\alpha(i)$ 更大、ξ 更小、λ 更大。在收入水平低、经济不发达的国家（地区），消费者对差异化产品的偏好较低，生产此类产品的成本也较高，于是在经济不发达地区投资的企业多为生产率高，但是生产需求指数较小产品的企业，即高 $\omega(i)$ 或者低 $\alpha(i)$ 的企业。

三、融资约束条件下的对外直接投资区位选择

（一）关于融资约束的假设

当企业决定以出口或者对外直接投资方式服务国外市场消费者时，成本的变化来自两个方面：市场进入的固定成本和生产的可变成本。由于金融市场不完美，当企业通过外部融资来进行出口或者对外直接投资时，外部融资的成本高于企业的内部融资成本，即 $\gamma > 1$。假设无论企业在母国生产，然后出口到东道国，还是在东道国建厂生产，外部融资成本是相同的，而且无论企业面向的东道国是低收入国家还是高收入国家，融资成本相同。企业使用外部融资服务境外市场的概率为 q，完全使用内部融资的概率为 $(1-q)$。

（二）融资约束条件下的境外市场的利润

使用外部融资时，企业以母国的边际成本进行生产，并服务境外市场的利润由下面的等式决定：

$$\pi_{df}^{\gamma}(i) = p(i)x(i) - \gamma[c(i)x(i) - C_f] \qquad (3.35)$$

与不存在融资约束的情形相似，不考虑企业服务境外市场的具体方式，在垄断竞争市场条件下，通过利润最大化可以求得企业在融资约束下企业境外市场的利润为：

$$\pi_{df}^{\gamma}(i) = \frac{E_f}{\sigma P_f} \left(\frac{\sigma}{\sigma-1} \right)^{1-\sigma} \left[W_d^{1-\sigma} \omega(i)^{\sigma-1} \alpha(i)^{(\sigma-1)(\lambda_f-\xi_d)} \right] \gamma^{1-\sigma} - \gamma C_f \quad (3.36)$$

对比式（3.36）和式（3.30），由于 $\gamma > 1$，$\sigma > 1$，融资约束下企业利润的减少源于两个部分的变化，首先利润可变部分由于 $\gamma^{1-\sigma} < 1$ 而变小，其次服务境外市场的固定成本部分由于使用了外部融资而增加。如果东道国消费者对高需求指数产品 $\alpha(i)$ 的边际效用 λ_f 上升，生产符合消费者偏好程度的产品的边际成本 ξ_d 也随之上升，如果企业通过外部融资来完成生产，则实际的边际成本将高于 ξ_d，用 ξ'_d 表示。[1] 如果 $\lambda_f > \xi'_d$，即消费者的边际效用增长快于外部融资时的边际成本增长，企业依然可以获得更多的利润，而且较大 $\alpha(i)$ 的企业利润增长快于 $\alpha(i)$ 较小的企业，但是利润小于没有融资约束时。如果 $\lambda_f < \xi'_d$，即消费者边际效用的上升不足以抵消边际成本的上升。给定企业的 $\alpha(i)$，则融资约束越强，企业服务境外市场的可变利润越小，当融资约束超出一定程度时，企业利润的可变部分将无法支付进入境外市场的固定成本。$\alpha(i)$ 越高的企业，利润的可变部分会下降的更快。高收入国家的消费者拥有更高的 $\alpha(i)$，因此在融资约束下拥有更高需求指数的企业更难向高收入国家投资。

（三）融资约束条件下的境外市场进入方式的选择

当企业完全使用外部融资时，以出口或者对外直接投资服务境外市场时的利润分别为：

$$E\pi_{Export}(i) = \frac{E_f}{\sigma P_f} \left(\frac{\sigma}{\sigma-1} \right)^{1-\sigma} \alpha^{(\sigma-1)(\lambda_f-\xi_d)} \tau^{1-\sigma} W_d^{1-\sigma} \omega(i)^{\sigma-1} \gamma^{1-\sigma} - \gamma C_{fx} \quad (3.37)$$

$$E\pi_{OFDI}(i) = \frac{E_f}{\sigma P_f} \left(\frac{\sigma}{\sigma-1} \right)^{1-\sigma} \alpha^{(\sigma-1)(\lambda_f-\xi_f)} W_f^{1-\sigma} \omega(i)^{\sigma-1} \gamma^{1-\sigma} - \gamma C_{ff} \quad (3.38)$$

于是，企业出口或者对外直接投资的期望利润为：

$$E\pi_{Export}(i) = \frac{E_f}{\sigma P_f} \left(\frac{\sigma}{\sigma-1} \right)^{1-\sigma} \tau^{1-\sigma} W_d^{1-\sigma} \omega(i)^{\sigma-1} \alpha^{(\sigma-1)(\lambda_f-\xi_d)} [q(\gamma^{1-\sigma}-1)+1] - C_{fx}[q(\gamma-1)+1]$$

$$(3.39)$$

---

[1] 由于 $\xi_d = \frac{\partial c}{\partial \alpha} \times \frac{\alpha}{c}$，生产的可变成本 c 的变化会传至 ξ_d。

$$E\pi_{OFDI}(i) = \frac{E_f}{\sigma P_f}\left(\frac{\sigma}{\sigma-1}\right)^{1-\sigma} W_f^{1-\sigma}\omega(i)^{\sigma-1}\alpha^{(\sigma-1)(\lambda_f-\xi_f)}\big[q(\gamma^{1-\sigma}-1)+1\big] - C_{ff}\big[q(\gamma-1)+1\big]$$

$$(3.40)$$

其中，$\big[q(\gamma^{1-\sigma}-1)+1\big]<1$，$\big[q(\gamma-1)+1\big]>1$，所以在融资约束下企业出口和对外直接投资的期望利润要小于没有融资约束时。给定其他条件不变，γ越大，出口或者对外直接投资的期望利润越低。

企业选择对外直接投资而非出口的条件：

$$\Delta\pi^\gamma(i) = \pi_{OFDI}^\gamma(i) - \pi_{Export}^\gamma(i)$$

$$= \frac{E_f}{\sigma P_f}\left(\frac{\sigma}{\sigma-1}\right)^{1-\sigma}\omega(i)^{\sigma-1} W_f^{1-\sigma}\alpha(i)^{(\sigma-1)(\lambda_f-\xi_f)}\left[1-\tau^{1-\sigma}\left(\frac{W_d}{W_f}\right)^{1-\sigma}\alpha(i)^{(\sigma-1)(\xi_f-\xi_d)}\right]$$

$$\big[q(\gamma^{1-\sigma}-1)+1\big] - F_f\big[q(\gamma-1)+1\big] > 0 \qquad (3.41)$$

对比式（3.41）与式（3.33），其他条件相同时，在融资约束下企业对外直接投资相对于出口的利润的变化同 ω 一样源于两个部分，首先是可变部分的利润由于 $\big[q(\gamma^{1-\sigma}-1)+1\big]<1$ 而减少，其次是固定成本由于 $\big[q(\gamma-1)+1\big]>1$ 而增加。决定出口还是对外直接投资的零利润曲线向上移动 ［图 3－5 中的 $\Delta\pi^\gamma(\alpha,\omega\,|\,F,\tau,\xi,\lambda,W,\gamma)=0$ 曲线］。

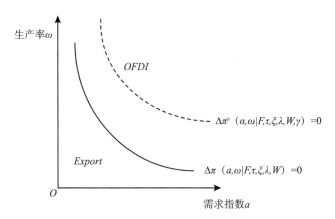

图 3－5　融资约束条件下对外直接投资与出口的零利润曲线

图 3－5 描述的现象与图 3－2 中的相似。融资约束的作用与东道国工资水平上升、对外直接投资与出口的固定成本差异扩大以及运输成本下降时的影响相似。只有更高生产率的企业或者消费指数更大的企业能够克服对外直

接投资的高成本，以对外直接投资的方式服务境外市场。

如果在东道国生产需求指数 $\alpha(i)$ 更高的产品的边际成本增加，即 ξ_f 上升，融资约束下的零利润曲线比没有融资约束时的零利润曲线更加平坦。在其他条件相同时，生产 $\alpha(i)$ 更高的产品的企业在东道国的生产成本上升导致利润减小，利润的缩减会被融资约束放大，或者说企业需要比没有融资约束时更高的生产率才会选择对外直接投资。如果东道国消费者对高 $\alpha(i)$ 的产品偏好增加，即 λ_f 上升，对外直接投资相对于出口的利润增加，但是融资约束的存在会使利润增长的幅度减小。虽然零利润曲线会随着 λ_f 的上升而变得陡峭，斜率变大，在融资约束下斜率变化会减小。如图 3-6 所示，当 ξ_f 上升时，$\Delta\pi_L^{\gamma}(\xi_f\uparrow)=0$ 比 $\Delta\pi_L(\xi_f\uparrow)=0$ 更平坦；当 λ_f 上升时，$\Delta\pi_H^{\gamma}(\lambda_f\uparrow)=0$ 没有 $\Delta\pi_H(\lambda_f\uparrow)=0$ 陡峭。

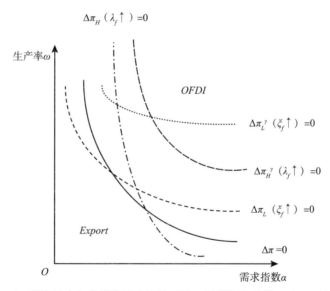

图 3-6 融资约束与非融资约束下的对比：零利润曲线随 ξ_f 与 λ_f 的变化

（四）融资约束条件下企业进入境外市场的生产率变化

通过融资约束下的零利润曲线可以得到在出口与对外直接投资之间决策的生产率门槛为：

$$\hat{\omega}^{\gamma}(i) = F_f^{\frac{1}{1-\sigma}} \left[\frac{E_f}{\sigma P_f} \left(\frac{\sigma}{\sigma-1} \right)^{1-\sigma} \right]^{\frac{1}{1-\sigma}} W_f \alpha(i)^{-(\lambda_f-\xi_f)} \left[1 - \tau^{1-\sigma} \left(\frac{W_d}{W_f} \right)^{1-\sigma} \alpha(i)^{(\sigma-1)(\xi_f-\xi_d)} \right]^{\frac{1}{1-\sigma}}$$

$$\left[\frac{q(\gamma^{1-\sigma}-1)+1}{q(\gamma-1)+1} \right]^{\frac{1}{1-\sigma}} \tag{3.42}$$

对 比 式 （3.42） 与 式 （3.34），由 $\gamma > 1$，$\sigma > 1$，可 知 $\left[\frac{q(\gamma^{1-\sigma}-1)+1}{q(\gamma-1)+1} \right]^{\frac{1}{1-\sigma}} > 1$，所以融资约束下企业对外直接投资的生产率门槛高于非融资约束时，即 $\hat{\omega}^{\gamma}(i) > \hat{\omega}(i)$。在图 3-6 中，所有融资约束下的零利润曲线都在对应的非融资约束零利润曲线的上方。

（1）当 $\lambda_f > \xi_f$，即东道国消费者的边际效用大于在东道国生产的边际成本时，$\alpha(i)$ 与 $\hat{\omega}^{\gamma}(i)$ 之间负相关，企业的 $\alpha(i)$ 越大，在东道国进行生产所需的生产率越低（这种补偿效应也是有限的），融资约束的存在将降低 $\alpha(i)$ 与 $\hat{\omega}^{\gamma}(i)$ 之间的补偿效应，使得一部分 $\alpha(i)$ 较大的企业仍然不会选择对外直接投资。如果 $\lambda_f - \xi_f$ 变小，例如，消费者的边际效应的上升慢于生产的边际成本上升速度时，$\alpha(i)$ 大的企业需要更高的生产率才会选择对外直接投资，融资约束会使生产率的门槛进一步提高，减少对外直接投资企业的数量。在图 3-6 中，融资约束下曲线 $\Delta\pi_L^{\gamma}(\xi_f\uparrow)=0$ 比没有融资约束时的曲线 $\Delta\pi_L(\xi_f\uparrow)=0$ 更平坦。

（2）当 $\xi_d > \xi_f$ 时，表明在东道国生产高 $\alpha(i)$ 的产品的边际成本低于在母国生产，本国生产的边际成本越高，$\alpha(i)$ 越大的企业越倾向于选择对外直接投资，生产率的门槛会越低。但是 $\alpha(i)$ 与 $\omega(i)$ 之间的负相关关系会由于融资约束的作用而减弱，更多的 $\alpha(i)$ 较大或者 $\omega(i)$ 较高的企业在国外生产成本低于国内生产成本时也不会选择对外直接投资，如图 3-7 中的 $\Delta\pi_H^{\gamma}=0$ 零利润曲线所示。

（3）当 $\xi_d < \xi_f$ 时，在母国生产的边际成本低于在东道国的生产成本，假定其他条件不变，如相对工资水平和运费，$\alpha(i)$ 越高的企业对外直接投资的生产率门槛上升速度快于没有融资约束时，即零利润曲线变得更加平坦。相比没有融资约束时，更多的拥有高 $\alpha(i)$ 的企业将选择出口，而非对外直接投资，如图 3-7 中的 $\Delta\pi_H^{\gamma}=0$ 零利润曲线所示。

（4）当 $\xi_d \ll \xi_f$ 时，在东道国生产的边际成本远远高于在母国生产，零利润曲线的斜率变为正，并且在融资约束的作用下会变得更加陡峭，如图 3-7 中

的 $\Delta \pi_L^\gamma = 0$ 零利润曲线所示。另一种情形是，融资约束使得企业的零利润曲线由 $\xi_d < \xi_f$ 的情形转为 $\xi_d \ll \xi_f$ 的情形。

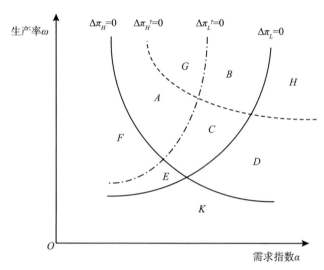

图 3 - 7　融资约束与非融资约束条件下的对比：零利润曲线
随 ξ_f 的变化及企业的区位选择变化

（五）融资约束条件下企业对外直接投资决策的变化

图 3 - 7 中将企业的行为划分为九个决策区域。将这九个区域内企业的决策组合进行分类后得到表 3 - 1。首先，由于融资约束的作用，向高收入国家投资的企业由 A + B + C + D + H + G 减少到 B + H + G 部分，向低收入国家投资的企业则由 A + B + C + E + G + F 减少到 A + G + F 的部分，不但对外直接投资的企业数量减少，而且对外直接投资的生产率门槛上升。不同的境外市场进入方式组合则发生了如下的变化：

表 3 - 1　　　　　　　　　　区位选择的决策组合

决策组合	*OFDI（H）& OFDI（L）*	*Export（H）& Export（L）*	*OFDI（H）& Export（L）*	*OFDI（L）& Export（H）*
无融资约束	*A、B、C、G*	*K*	*D、H*	*E、F*
有融资约束	*G*	*C、D、E、K*	*B、H*	*A、F*

（1）在融资约束下，企业选择同时向高收入国家和低收入国家中投资的区域减少，由没有融资约束时的 $A+B+C+G$ 变为只剩下 G 区域。G 区域企业的特点为生产率很高（生产率的最低点高于没有融资约束时），同时 $\alpha(i)$ 水平居中。给定生产率水平，$\alpha(i)$ 较小的企业（A 区域）和 $\alpha(i)$ 较大的企业（B 区域）无法同时向发达市场和发展中市场投资；给定 $\alpha(i)$，生产率低的企业无法同时向两类市场投资。A 区域内的企业只能向低收入国家投资，B 区域的企业则只向高收入国家投资，因为高收入国家消费者对差异化产品的偏好程度更强，在既定的生产率下，消费指数 $\alpha(i)$ 更大的企业更容易克服投资成本以及外部融资成本。在给定 $\alpha(i)$ 的条件下，生产率较低、$\alpha(i)$ 水平居中的企业（C 区域）完全退出对外直接投资行列，转而只进行出口。

（2）在融资约束下，更多的企业从对外直接投资转向同时向高收入国家和低收入国家出口的企业。没有融资约束时这类企业只有 K 区域中的企业，融资约束下扩大到 $K+C+D+E$。由于融资约束的影响，原先一部分向高收入国家直接投资的企业（C 区域和 D 区域）以及部分向低收入国家投资的企业（E 区域）现在只能以出口方式服务境外市场。他们的特点是通常拥有比 K 区域企业高的生产率。

（3）向高收入国家投资同时向低收入国家出口的企业在融资约束的影响下，主要变化来自 B 区域和 D 区域。对与 B 区域的企业而言，在融资约束的作用下它们无法向低收入国家投资，只能以出口方式服务当地的消费者，因为融资约束使得在低收入国家生产 $\alpha(i)$ 加大的产品的成本增加超出了消费者效用增长。D 区域的企业虽然生产率较低，但是拥有很高的 $\alpha(i)$，所以这类企业在没有融资约束时可以利用高收入国家消费者对差异化产品的高度偏好来弥补其在生产率上的不足，生产高 $\alpha(i)$ 产品的边际成本低于生产的边际成本，企业对外直接投资获利更多，但是融资约束会使得产品的生产成本上升超出消费者愿意支付的价格，企业只能转而采用成本较低的出口方式来服务高收入国家市场。

（4）向低收入国家直接投资同时向高收入国家出口的企业范围变化主要发生在 E 区域和 A 区域。A 区域的企业在融资约束下放弃了向高收入国家直接投资，在既定的生产率下，A 区域内企业的 $\alpha(i)$ 不够高，或者在既定的 $\alpha(i)$ 下，生产率不够高，生产率与 $\alpha(i)$ 的补偿机制在融资约束下无法发挥作用。E 区域的企业在融资约束下放弃了向低收入国家直接投资。低收入国家的消费者差异化产品的偏好程度较低，生产成本很高，要求企业必须有很高的生产率才能进行直接投资。虽然 E 区域内的企业整体 $\alpha(i)$ 都比较低，融资约束下生产成本上升的速度更快，企业的生产率需要更高才能在低收入国家直接投资。

四、融资约束影响企业对外直接投资区位选择的假说

外部融资成本高于企业使用自有资金的机会成本，高出的部分将以对外直接投资的固定成本和生产的可变成本上升的方式影响企业的利润。成本上升将导致产品价格上升和产品市场需求减少，从而减少了企业境外经营利润，企业进入该市场的动机减弱。

假说3.5：融资约束会降低企业向高收入国家（地区）或者低收入国家（地区）进行对外直接投资的可能性。

高收入国家的消费者对差异化产品的偏好更强［即 $\alpha(i)$ 高的产品］，更愿意支付较高的价格满足自身对产品特性的追求。因此，高收入国家更加吸引生产差异化产品，并且不断创新的企业。这种创新既可能是全新的产品创造，也可以是产品质量的提升、功能的进化等渐进式的产品完善。企业还要为扩大新产品的市场份额进行各类促销推广活动。企业在这方面的投入越多，产品价格就越高，对消费者的需求偏好和经济能力要求越高，并导致企业对外部融资的依赖程度上升。低收入国家的消费者更加关注满足基本的生活需求，对差异化产品的需求较低，使得对外低收入国家进行投资的企业更加注重产品的实用性，而非差异化。这导致融资约束对在高收入国家和低收入国家投资的企业的影响可能是非对称的。如果一家在高收入国家投资的企业更集中于 $\alpha(i)$ 高的产品，在低收入国家投资的企业更集中于 $\alpha(i)$ 较低的产品，那么融资约束对于投资高收入国家的企业的负面作用更大，对投资低收入国家的企业的负面作用相对较小。

假说3.6：融资约束的影响是非对称性的，当对外直接投资目的地为高收入国家（地区）时，对企业投资的抑制作用强于目的地为低收入国家（地区）。

在高收入国家投资和在低收入国家投资在一定程度上是矛盾的。在高收入国家投资时，企业利用了消费者对差异化产品的高偏好来降低生产率门槛，在低收入国家投资时则是利用高生产率来弥补消费者的低差异化产品偏好。

因此，一家追求生产更多、更好的差异化产品的企业很难在低收入国家投资，反之，一家追求低成本的企业也很难在高收入国家投资。只有当企业的生产率很高，生产率 $\omega(i)$ 与 $\alpha(i)$ 之间的补偿机制对企业而言作用较小，并足以有效抵消在低收入国家较高的 $\alpha(i)$ 带来的成本压力时企业才会选择同时在高收入和低收入国家直接投资。因此，能够同时在高收入国家和低收入国家直接投资的企业被压缩在一个高生产率、中度需求指数的范围内。融资约束则使得一个范围进一步缩小，生产率较低、需求指数较小一端的企业和较大一端的企业被进一步剔除出去。

本书的理论模型以及上述的分析都基于一个假设，即企业在对外直接投资东道国生产最终产品，并在当地销售。事实上，企业可能不是这样做的。企业可以将生产环节切分，将技术水平和科技含量较高的零部件或者活动，如设计、研发、市场推广、产品销售等放在高收入地区，以利用高收入国家在这些环节上的优势，将低技术水平的组装加工等环节放在低收入国家进行。无论企业是否在对外直接投资中将价值链的不同环节进行了拆分，理论上融资约束都会使企业进入其中任何一个市场的难度加大。但是由于不同投资目的国的生产活动具有互补性，融资约束的影响程度较难确定。企业在高收入国家销售产品时可以利用在低收入国家生产的低价格优势，供给更多物美价廉的产品，抵销融资约束的部分影响；在低收入国家则可以利用在高收入国家的设计研发和市场网络优势，既分摊了研发费用又可以增加出口。当企业同时在高收入国家和低收入国家中直接投资时，不同区位的子公司之间会形成互补，从而抵销融资约束的部分作用。如果这种互补机制没有形成，例如企业在高收入国家和低收入国家进行了同质化的投资，或者对外直接投资的子公司尚未进入正常运营，此时融资约束的负面影响就会很大。

假说3.7：融资约束会减少同时向高收入国家和低收入国家直接投资的企业数量。当在不同收入水平的国家进行的投资活动具有互补性时，融资约束抑制作用会减弱。

虽然理论模型中分析了对外直接投资相对于出口的区位选择，但是结论同样适用于对外直接投资企业相对于非对外直接投资企业的对比。出口企业依然是以母国为生产地，与非出口企业不同的是，出口企业需要支付出口固定成本和冰山成本。只需要将这部分高出的成本分摊进生产成本中，就可以将出口看作一种更高成本的国内生产和销售行为。或者反过来，将出口企业看作拥有较低国内生产成本的企业。

第三节　融资约束影响对外直接投资价值链延伸的机理分析

将全球价值链比作一条"微笑曲线"，在"微笑曲线"的曲线左端是研发设计、核心零部件制造等核心技术环节，在"微笑曲线"的曲线右端则是全球营销网络和售后服务体系，在"微笑曲线"的中部也是底部则是附加值和技术水平最低装配环节。对于像中国这样的低收入国家而言，便是从"微笑曲线"的底部嵌入全球价值链、参与国际分工的，价值链的高端环节主要由高收入国家企业控制。通过对外直接投资加速向价值链的高端发展、促进价值链升级是许多低收入国家进行对外直接投资的重要目标。本书关注的是融资约束如何制约了对外直接投资的价值链升级。

融资约束从以下三个方面制约对外直接投资的价值链延伸功能。

第一，融资约束会抑制对外直接投资的边际产业转移效应。将边际产业转移出去有助于释放国内稀缺的生产要素，进行附加值更高的生产活动，促进国内的产业结构升级（Kojima，1978）。转移边际产业对企业而言有两方面的问题。首先，对外直接投资本身对资金的需求。一是显性成本，即对外直接投资的市场进入固定成本。二是隐性成本，由东道国的市场特征、政治法律制度、文化因素等带来。进入经济发展水平较低的东道国虽然可能带来较低的劳动力成本，却要面临人力资本稀缺、法律制度不完善、政府腐败等问题，在增加企业投资成本的同时，还会提高对外直接投资的风险，在缺乏融资支持的条件下企业很难开展此类投资活动。其次，在边际产业转移的同时企业需要有足够的资金培育新产业，否则将导致产业空心化。刘海云和聂飞（2015）采用2003～2013年省际面板数据的研究结果认为，中国制造业对外直接投资规模过快扩张，出现了"离制造化"现象。本书认为对外直接投资引发产业空心化的原因在于，在向境外进行产业转移的过程中对外直接投资母国没有成功地培育起新的核心产业以替代原有产业。对于微观层面具体实施产业转移和新产业培育的企业而言，拥有足够的资金支持乃是培育新产业、新竞争优势不可缺少的条件。向经济发展水平高的国家（地区）进行生产类投资有助于企业就近进行技术学习和模仿，从而促进新产业的培育。新产业同时也是幼稚产业，发展中国家的企业在与发达国家企业的竞争中必然处于劣势，在开放经济下如果缺少来自母国政府的支持很难成长壮大。王丽和张岩（2016）对经济合作与发展组织国家的研究发现金融发展水平乃是影响对外直接投资能否促进母国产业结构升级的重要因素之一。根据垄断竞争优势理论，企业的融资能力也是其竞争优势的来源，对企业的其他能力具有强化作用。因此，融资便利是重要的支持措施之一，可以帮助企业更有效地利用边际产业转移带来的发展机会。

以上的分析表明，通过抑制企业向发展水平低于（高于）自身的国家（地区）进行生产类对外直接投资的方式，融资约束可以降低企业将失去优势的产业转移出去，同时培育新产业的能力，将企业锁定在价值链的低端，从事增加值低的加工装配环节，难以融入高复杂度、高技术含量的产品制造环节。因此，通过检验融资约束对生产类对外直接投资的影响方式，可以证明融资约束是否阻碍企业向价值链的高级环节延伸。

假说3.8：融资约束通过减少生产类对外直接投资抑制企业向价值链高端延伸的能力。

第二，融资约束会抑制对外直接投资的技术溢出效应，主要表现在两个方面。一是制约企业进行研发类对外直接投资；二是制约企业的研发创新投入，降低企业的技术吸收和改进能力。虽然其他动机下的对外直接投资也会存在"技术溢出"效应，但在研发类对外直接投资中这种效应会更显著、更重要，因为这是企业有计划、有目的地想要实现的目标。无论企业在国内进行研发投入还是在境外进行研发类投资都会面临相似的问题，即研发类投资具有更大的不确定性，导致融资难。研发创新活动通常需要长期投资，在单个周期内完成的可能性较小，使得企业必须有稳定的资金来源才能支持研发类投资。研发创新活动产生的知识资产较难形成抵押，加之研发创新活动通常涉及企业的核心技术等商业秘密，企业并不愿意过多地向投资人透露投资的具体细节，加重了投资人与企业之间的信息不对称，对于想要规避风险、保证投资安全的投资人而言显然吸引力下降。在境外进行研发类直接投资的企业还要面临境外市场风险。如果是以并购的方式获取技术和研发能力，还意味着并购后的整合成本以及是否能够成功整合的考验（周茂等，2015）。因此，研发类对外直接投资可能面临更严重的融资约束。

以上的分析表明，融资约束制约对外直接投资技术溢出效应的核心作用渠道之一便是减少研发或者与研发相关的对外直接投资活动。通过制约研发类对外直接投资，融资约束可以降低企业获得先进和关键技术的能力，进而难以成为价值链的驱动者和掌控者。因此，通过检验融资约束对研发类对外直接投资活动的影响方式，可以证明融资约束是否会抑制企业通过对外直接投资向价值链高端攀升的能力。

假说3.9：融资约束通过减少研发类对外直接投资抑制企业向价值链高端延伸的能力。

第三，融资约束会制约企业通过对外直接投资获取市场势力的能力。主要表现在两个方面：一是抑制企业通过对外直接投资增强供应链稳定性；二是制约企业通过对外直接投资扩大国内投资收益和利用规模经济优势的能力。能源、资源以及重要的中间投入品的稳定供给对于工业化进程的重要性不言而喻。核心零部件或者中间投入品通常涉及高技术水平、高技术复杂度的资本密集型产业，低收入国家长期依赖进口来获取这些核心零部件和中间投入品，赶超高收入国家时难免受制于人，对于外部冲击对供应链和整个生产活动的影响也缺乏应对手段。除了"微笑曲线"的左端，"微笑曲线"右端的销售渠道和营销服务网络也多为高收入国家企业掌控。大规模的产品销售和营销网络可以给跨国企业带来重大的经济性和竞争力，获得规模经济优势（Wolf，1977）。① 改革开放之初，中国内地企业还很难凭借自身的力量进入国际生产网络，中国香港地区是中国内地企业与世界交流的重要平台。因此，在参与全球价值链之初，中国内地制造业企业和出口企业除了位于制造业终端生产环节外，在很大程度上是通过承接中国香港等地贸易中间商的订单发展起来的，外部市场的销售渠道和营销服务网络并没有掌握在自己手中。随着出口规模扩大，无论从国家层面还是从企业层面，对外部市场的高度被动式依赖不但使企业被锁定在价值链的低端，无法获得较高的增加值，而且增加了外部市场风险，导致企业的国内投资风险上升，投资收益下降。在无法掌控境外市场需求信息的条件下企业扩大规模、利用规模经济参与全球竞争的能力下降。此外，国际

---

① 跨国公司通过垂直一体化获得市场销售网络的控制权是其获得垄断优势的重要方式，是对规模经济优势认识的深化。除市场销售网络外，规模经济对跨国企业的技术优势和管理资源优势的发挥同样具有重要意义。

销售渠道和营销网络的缺失还使得中国企业难以塑造自身的品牌形象，缺乏定价话语权。尽管中国制造的品质早已提升，中国制造遍及全球，但是中国产品很大程度上依旧被贴上"质量差、价格低"的标签。由于销售渠道和营销网络都属于流动性低的战略性资产，通过对外直接投资，特别是跨国并购是企业获得境外市场销售和营销服务网络的捷径（Nocke & Yeaple，2007）。但是，一方面，在境外建立销售和营销网络必然与其他国家的企业，尤其是高收入国家企业产生竞争。另一方面，想要真正渗入境外市场必须熟悉当地市场，不但需要培育和雇用境外市场人才，还需要一定的时间积累，这期间对融资的需求必不可少。企业通过跨国并购的方式可以在较短的时间内获得这些战略性资产，不过并购后的整合成本以及短期内支付较高的并购金额都对企业的融资能力提出了更高的要求。

以上的分析表明，在向价值链高端攀升的过程中，保障能源、资源、高技术投入品的稳定供给，掌握在境外市场的销售渠道，建立自身的营销网络和售后服务网络等，是企业提升竞争力和市场实力的重要组成部分。因此，通过检验融资约束是否制约资源类、商贸服务类对外直接投资，可以证明融资约束是否阻碍企业向价值链高端延伸。

假说3.10：融资约束通过减少资源类和商贸服务类对外直接投资抑制企业向价值链高端延伸。

第四章

中国的融资环境与对外直接投资现状

第一节　中国企业融资的基本现状

2016 年世界银行公布的《全球营商环境报告》显示，在全世界 189 个国家和地区中中国的营商环境排名第 84 位，比 2015 年下降一个名次，其中是否容易获得信贷的排名由 2015 年的第 71 位上升至 2016 年的第 79 位，表明中国的融资环境有了一定程度的改善，但是相比其他国家和地区，中国的融资环境只处于中等水平，不但落后于美国等高收入国家，而且落后于印度等低收入国家。在这样的背景下，中国企业对外直接投资中的融资环境又是怎样的呢？

为了支持企业"走出去"，中国政府提供了大量的相关服务，包括将商务协定纳入政府间的合作框架、建立关于投资机会和投资环境风险的数据库，还有对有意向对外直接投资的企业提供咨询服务。除了国家层面的支持，地方政府对本地区的企业对外直接投资行为也提供了支持。进行境外投资的企业和行业协会以及政府部门的代表相互紧密合作保证对外直接投资企业的利润获得。商业银行和政策性银行也为企业的对外直接投资活动提供了融资服务。尽管政府积极鼓励非国有企业"走出去"进行对外直接投资，但是相关对外直接投资政策措施的有效性并不显著，或者宣传并不到位。政府在2006年以后大幅减少了对对外直接投资的限制，但是私营企业总体上并没有感觉到自身的境外发展获得来自政府的帮助。国家出台了大量政策性措施帮助私营企业到国外发展，因为信息在政府与私营企业间不对称，这些政策没有发挥出应有的效果。政府部门也做了相关研究，发现政策的有效性确实有限。

中国的企业发现很难在一个快速变化的国外市场环境中做出对外直接投资的决定，除了政府部门相当复杂的审批过程之外，企业的融资环境也很让人担忧。对外直接投资需要的是一个中长期的融资需求，商业银行因为对外直接投资的不确定性较高，很难给予企业所需时间段的长期贷款。另外，企业的抵押能力和融资能力以及中国的金融抑制环境也限制了企业获得贷款融资的机会。

《2013年度中国企业对外直接投资情况及意向问卷调查报告》显示，在为境外项目融资的过程中，1056家企业中有52%的企业将"企业利润积累"作为对外直接投资中最重要的融资方式，"银行贷款"紧随其后，21%的企业将其视为境外投资过程中最重要的融资方式，以"资本市场融资"作为重要融资途径的企业占11%。以"投资伙伴参股""民间非官方融资""政府拨款"为重要融资来源的企业分别占到7.1%、5%和3%（见图4-1）。

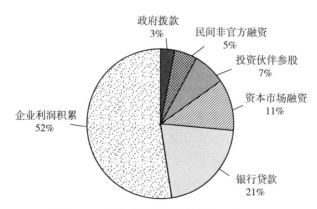

图4-1 中国企业对外直接投资融资方式

注：数据因四舍五入的原因，存在总计与分项合计不等的情况。

资料来源：《2013年度中国企业对外直接投资情况及意向问卷调查报告》。

国有企业和非国有企业的主要融资渠道是相似的，二者中都有超过70%的企业将利润积累作为主要的融资来源；其次是银行贷款，其中国有企业有超出30%的企业将银行贷款作为主要融资来源，非国有企业中不到30%的企业将银行贷款作为主要融资来源；国有企业以政府拨款作为主要融资来源的不足10%，非国有企业则都不足5%。无论国有企业还是非国有企业，将资本市场融资作为主要融资方式的企业比重都不足20%。各种融资渠道占比存在巨大的差异，凸显出中国企业对外直接投资的融资方式偏单一化，过多地依赖自身利润积累和银行贷款，制约了企业国际化经营活动的步伐。

但是就最主要的资金来源而言，有略超过3%的国有企业将政府拨款作为最主要的资金来源，但是几乎没有非国有企业将政府拨款作为最主要的资金来源，相反有接近6%的非国有企业将民间非正式融资作为最主要的融资渠道。国有企业和非国有企业的差异还表现在，国有企业更容易获得低息或者无息贷款，更可能优先获得外汇和返销配额（见图4-2）。这说明虽然整体上融资优序理论可以解释中国国有企业和非国有企业在为境外项目融资时的特征，但是国有企业，尤其是中央企业在对外直接投资的过程中仍然具有由所有制性质带来的融资优势，而非国有企业，尤其是民企，在正式融资方式上具有某种程度的劣势，更多地依赖自身的利润积累和非官方融资渠道，使得"融资难"成为制约中国民营企业"走出去"的重要因素之一。

众多关于中国企业出口与对外直接投资研究也表明中国企业在国际化的过程中面临融资约束，而且融资约束的程度在不同的企业存在差异性。刘海洋等（2013）从非正规金融贸易信贷角度研究发现，融资约束制约了中国制造业企业的出口，并且这种制约作用存在显著的企业规模指向性、所有制指向性、地区指向性和行业指向性。他们进一步研究后认为企业的内部储蓄、商业信贷、银行信贷和跨国企业融资可以显著地促进企业的出口参与、出口规模以及出口强度。[1] 文东伟和冼国明（2014）的研究也证实中国企业的出口能力受到融资约束的显著制约。由于对外直接投资比出口对资金的需求更大，使得企业对外直接投资中的融资约束问题会更加严重。

---

[1] 他们的研究还表明拥有商业信贷有助于企业活动银行信贷，从而使得拥有商业信贷的企业出口能力更强。

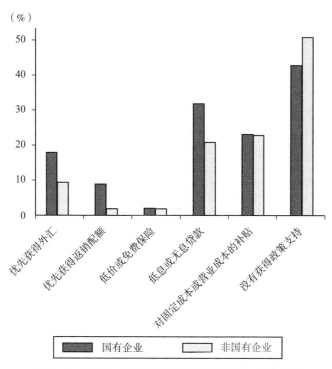

图 4 – 2　国有企业与非国有企业获得政策支持的情况

资料来源：根据《2013 年度中国企业对外直接投资情况及意向问卷调查报告》整理获得。

第二节　融资约束的成因

　　按照均衡理论的论述，在一个充满竞争的商品市场中，商品价格是供给与需求的真实反映，但与商品市场相对应的资本市场情况却不尽相同，资本市场并非是完全竞争的。投资的传统模型最初是不包括金融和融资问题的，当时投资模型假设资本市场是完全的。在 20 世纪 50 年代初期以后的 20 多年里，投资的主流理论是以莫迪利亚尼和米勒为代表的融资因素无关论，但是随着委托 – 代理理论和信息不对称理论的出现，这一情况发生很大的变化，金融市场的不完美、信贷约束、企业的资本结构等问题逐渐受到关注。在此背景下本节主要从两个方面回顾了与企业融资约束相关研究文献，一是企业融资约束的一般性成因，二是中国企业融资约束的特殊成因。

一、企业融资约束的一般性成因

理论界关于融资约束成因存在三种主要观点，即融资约束内源性论（Campa & Shaver，2002）、融资约束外源性论（Ahn et al.，2011）和融资约束内外源协同论（Chaney，2008；Feenstra et al.，2011；Manova et al.，2011；Manova & Yu，2014）。传统的企业投资实证模型通常建立在"代表性"企业的假设之上。这意味着所有企业都可以同等地进入资本市场融资，企业对投资成本或者以税收为基础的投资刺激的反应只会因投资需求而不同。企业的融资结构与投资无关，因为外部资金可以完全替代内部资本。一般而言，在完美的资本市场中企业的投资决策独立于他的融资条件。这对成熟企业可能是适用的，因为其未来前景众所周知。然而对于其他企业而言，融资因素很重要。外部资本并非内部资金的完全替代，特别是从短期来看。法拉奇等（Fazzari et al.，1988）认为这种不完美性可以归咎于资本市场中存在的问题，特别是信息不对称问题，使得外部融资供给者评估企业投资机会的成本高昂，甚至无法进行评估。于是，新债务或者股权融资成本与通过现金流和留存收益进行的内部融资的机会成本可能存在巨大差异。信息不对称引致的市场不完备使企业面临融资约束问题，即企业投资机会得不到充分的资金支持（Fazzari & Athey，1987）。

20世纪70年代，阿克洛夫（Akerlof，1970）发表了《次品问题》一文，首次提出"信息市场"的概念，分析了旧车市场上信息不对称及其导致的逆向选择问题。随后杰菲和罗素（Jaffee & Russell，1976）、斯蒂格里茨和韦斯（Stiglitz & Weiss，1981）分析了信贷市场上的信息不对称导致的逆向选择问题。杰菲和罗素（Jaffee & Russell，1976）认为，贷款者与借款者之间存在信息不对称，贷款者难以识别高质量的借款者，因此会要求一个较高的信贷利率作为风险溢价。如果带来利率过高会使高质量的借款者离开信贷市场（Stiglitz & Weiss，1981），为了留住优质的借款人，贷款人不会无限地提高利率，但是会减少信贷规模，从而导致信贷配给。格林沃德等（Greenwald et al.，1984）、迈尔斯和马吕夫（Myers & Majluf，1984）认为股票市场上的信息不对称导致逆向问题，使得公司外部融资成本较高，而且信息不对称程度越大，外部融资成本越高。而与外部融资相比，公司内部融资成本较低。较高的外部融资成本导致公司必须放弃部分净现值为正的项目，并且投资依赖于公司的内部现金流，这样就产生了外部融资约束（Fazzari et al.，1988）。这种将融资约束归因于外部资本市场不完美的观点即融资约束外源论。

即使是在相同的金融体制下，企业面临的融资约束程度也是有差异的。主要原因是企业与银行之间的信息是不对称的，一般情况下，企业规模大、绩效好、信誉好、与政府或者银行关系较好，企业获得融资机会增加、融资成本下降。而小企业因为资产抵押能力弱、市场抵抗风险能力低、经营管理水平有限，导致市场竞争力弱，而受到资金信贷部门的歧视，获得融资的机会下降、融资成本较高，这便涉及由企业自身因素造成的融资约束成因，即融资约束内源论。也有学者认为融资约束是外部资本市场不完美和企业自身因素共同作用的结果，即融资约束内外援协同论。

二、中国企业融资约束的特殊成因

（一）融资渠道单一，直接融资不畅

直接融资渠道不畅通、融资比例低、核准周期长是现阶段中国企业直接融资时面临的现实情况。2014 年上半年中小板、创业板有 45 家企业上市，从部分统计数据上看，从首次公开发行（IPO）申请受理到企业上市平均期限达 2.7 年，更有九成以上企业无法通过 IPO 融资（吕劲松，2015）。从中国人民银行统计数据看，非金融类企业通过境内股票融资的比重依然很低，2011 年非金融企业境内股票融资存量为 2.86 万亿元人民币，截至 2016 年 10 月，存量增长至 5.6 万亿元人民币，几乎翻了一番，但是占全社会总融资规模的比重仍不足 4%（见表 4-1）。同样截至 2016 年 10 月，企业债券融资的存量增长了 12.2 万亿元，占全社会融资总规模的 11.5%。截至 2011 年企业通过发行股票和债券获得直接融资为 8.24 万亿元，占银行贷款比重为 12.65%，其中股票融资占比为 8.26%，企业债券占比为 4.39%。2015 年底企业直接融资额为 19.16 万亿元，占银行贷款比重为 16.10%，其中股票融资占比 12.30%，比 2011 年有所上升，债券占比 3.80%，比 2011 年有所下降。银行贷款融资（其中包含了向私人的贷款）依然是占主导地位的融资途径，融资总规模从 2011 年的 65.12 万亿元增至 129.24 万亿元，占全社会融

资总规模的比重为 84.8%，与 2011 年相比只有小幅下降。从图 4 - 3 可以看到，从 2011～2016 年，中国企业境内股票融资占银行贷款的比重基本没有增长，直接融资占银行贷款比重的增长主要来自企业债券的增长。

表 4 - 1　　　　　　　　2011～2016 年中国社会融资规模及构成

年份	社会融资总规模（万亿元）	企业债券		非金融企业境内股票		银行贷款		直接融资占银行贷款比（%）
		规模（万亿元）	占比（%）	规模（万亿元）	占比（%）	规模（万亿元）	占比（%）	
2011	73.36	5.38	7.3	2.86	3.9	65.12	88.8	12.65
2012	89.12	7.64	8.6	3.11	3.5	78.37	87.9	13.72
2013	106.44	9.45	8.9	3.33	3.1	93.66	88.0	13.65
2014	122.85	11.83	9.6	3.77	3.1	107.25	87.3	14.55
2015	138.14	14.63	10.6	4.53	3.3	118.98	86.1	16.10
2016	152.41	17.57	11.5	5.6	3.8	129.24	84.8	17.93

注：银行贷款中包含了人民币贷款、外币贷款（折合人民币）、信托贷款、委托贷款以及未贴现银行承兑汇票，各类融资占社会融资总规模比重进行了四舍五入，因此加总后不一定为 100%。2016 年数据截至 2016 年 10 月。

资料来源：根据中国人民银行统计数据整理计算得到。

图 4 - 3　2011～2016 年融资比重对比

注：2016 年数据截至 2016 年 10 月。

资料来源：根据中国人民银行统计数据整理得到。

对于大多数中国企业而言，通过上市直接融资仍然是很不现实的。1990年中国建立沪、深股权交易市场，2004年仅有1354家上市企业，2014年发展到2631家。中国股市发展之初乃是为了促进国有企业建立现代企业制度，帮助国有企业摆脱历史包袱，因此绝大多数上市企业为国有企业。2010年前国有企业还是中国上市公司的主体，2010年后民营企业的数量开始超过国有企业，但这其中包含了国有企业转制而来的民营企业。

与直接融资规模小形成鲜明对比的是中国非金融企业部门的高负债，根据中国社科院"国家金融与发展实验室"（NIFD）的测算，截至2015年底，非金融企业部门的债务问题最为突出，不包含融资平台债务，其负债率已经高达131%。[①] 根据钟宁桦等（2016）对中国1998~2013年间将近400万个规模以上工业企业的统计，企业负债率已经从1998年的65%持续下降至2013年的51%。他们同时指出，负债率的变化主要是由大企业、国有企业、上市企业这样一小部分企业所导致，一半以上的样本企业始终无法获得任何长期负债。这表明在中国企业面临的不单是融资渠道单一问题，还面临基于企业规模、所有制性质等差异的融资歧视。

（二）融资成本高与金融资源配置的二元特征

事实上，即使是在高收入国家通过上市直接融资也只局限于小部分企业，从这一点上讲，是否能够上市融资不是造成中国企业面临融资难的主要原因。中国社会中长期存在不均衡的二元社会结构和经济结构，对应经济体系中以大型国企为代表的国有经济和以中小企业为代表的私有经济，金融体系中也有明显的二元特征，产生了以四大国有商业银行为代表的正规金融和民间金融体系。金融体系长期被中国银行、中国工商银行、中国建设银行和中国农业银行四大国有商业银行主导，导致银行出现严重的贷款歧视，更倾向于向国有企业、大企业提供贷款，造成金融资源分配不公，中小企业融资难、融资成本高。国有企业能够获得更多信贷支持的部分原因还在于其所承担的政策负担导致政府通过信贷扶持的手段对其进行补贴（林毅夫和李志赟，2004）。国有企业获得资金的途径也多于民营企业，尤其是在信贷紧缩时期国

[①] 《非金融企业部门债务问题最为严重》，http://finace.sina.com.cn/roll/2016-06-15/doc-ifxtfmrp2071493.shtml。

有企业比中小民营企业更易获得银行贷款（张杰等，2013）。在银根紧缩时期，国有企业的负债率依然保持较高的增长率，而民营企业的负债增长明显放缓（陆正飞等，2009）。国家统计局对 3.8 万家小微型工业企业的抽样调查显示，仅有 15.5% 的小型微型企业能够获得银行贷款。虽然 2003~2010 年中国银行业完成了股份制改革，构建了以四大国有银行为主体、多元化的银行体系，但是国有银行的市场主体地位并没有真正地建立，"金融压抑体系"和"大银行体制"并未得到根本性扭转，企业融资时依然会面临"所有制歧视""关系歧视"和"规模歧视"。有研究显示，2008 年以前，给国有"僵尸企业"贷款的现象就已经存在，位于贷款多的地区的所有企业的负债率都会显著上升，但是亏损中的国有企业的负债率更高，而且 2008 年以后这种现象更加明显（钟宁桦等，2016），说明银行在给国有企业提供贷款时，并不遵循市场原则，这背后是政府对国有企业债务的隐性担保或者是银行的"政策性"责任。

银行业垄断的直接后果就是银行在支付低存款利息的同时还可以提高贷款利率，获得高额的经济租金。当前中国 5 年期和 3 年期的国债利率分别为 5.3% 和 4.9% 左右，均高于历史上经济增长率近似时期的利率水平。如果以国债利率作为无风险利率的衡量指标，中国的贷款成本居高不下。2014 年利率上浮或要求担保公司担保成为中小企业通过银行融资时普遍面临的问题，有时还出现搭售咨询服务等中间业务，增加企业融资时的额外收费。对 415 户中小企业从银行贷款抽样调查显示，贷款利率上浮幅度平均为 21.6%、最高时到达 75%；对 909 户从转贷机构获得转贷款①的企业调查发现，196 家企业（占比 21%）的贷款利率超过 20%（同期基准利率为 6.15%），有 142 家企业（占比 15%）还支付了转贷手续费、平台服务费等共计 5547 万元，平均费率 2.6%、最高费率 5.5%。② 从债务融资角度讲，非国有企业承担了高于国有企业的负债融资成本，而且这种差异没有发生显著的改变（李广子和刘力，2009）。无法从正规金融市场获得足够融资的中小企业不得不转向民间金融融资。银行业垄断和利率市场化程度低导致正规融资渠道和民间融资渠

---

① 转贷款是指转贷机构统一从银行获得贷款然后再贷款给中小企业的贷款。
② 国家统计局调查数据和国债利率数据转引自吕劲松：《关于中小企业融资难、融资贵问题的思考》，载于《金融研究》2015 年第 11 期。

道之间存在利率鸿沟，更有银行通过其垄断地位和资源优势揽储后通过影子银行将部分资金转入民间金融，不但拉长了资金进入实体经济的链条，而且直接推高了融资成本。此外，部分寄生于二元金融结构的利益集团从银行套取资金后渗透进入民间金融高价放贷、套取利差，进一步推高中小企业融资负担。

（三）企业自身的融资能力

企业自身的特征，特别是中小民营企业自身的一些不足，也是造成融资难的重要因素。

首先，企业的偿债能力。从金融机构的角度讲，企业的偿债能力决定了其融资能力。相对于大型国有企业、外资企业等，中国的民营企业，特别是中小民营企业，通常规模较小，资本较少，贷款抵押能力差。银行等金融机构为规避风险，青睐于资产规模较大、抵押能力较强、具有较强市场竞争力的企业，势必减少对中小企业的放贷。缺乏资金支持的企业在扩大规模、提高生产率、增强市场竞争方面处于劣势，进一步限制了企业的融资能力。企业的规模小、获得贷款的能力弱使得企业与金融机构之间较难建立长期关系，难以建立作为银行贷款的参考依据的企业的信用体系。

其次，企业的治理机制。企业的内部治理结构是否完善是金融机构评价企业经营管理水平的重要依据，但是许多企业，尤其是民营企业和中小企业，内部治理结构和财务制度不健全，与银行要求的贷款条件差距较大。丰富的劳动力资源使得中国企业在参与全球生产网络时首先嵌入的便是劳动密集型产业，特别是中小型企业由于研发能力有限，甚至不具备研发能力，一直禁锢于产品单一、技术复杂度低的产业内，这类企业面临的市场风险相对更高，对于外部冲击的抵御能力较低。另外，许多民营中小企业的财务制度不健全，缺乏高素质财务管理人才，难以提供透明有效的财务信息，作为银行等金融机构评价企业信用等级的依据。

最后，企业的征信体系和信用担保能力。由于信息服务具有一定的外溢性，一家金融机构获得的企业资信很可能被其他金融机构通过"搭便车"免费使用，加之中小企业的信息通常比较分散、价值密度较低、收集困难，造成中小企业的征信体系建设困难，增加了银行评级中小企业信用的难度。另外，中小企业的担保能力较弱。目前，政策性担保机构、商业性担保机构、再担保机构等的发展还不完善，使得中小企业通过信用担保方式获得融资的能力较弱。

郭娜（2013）以中国山东省枣庄市中小企业为对象进行的调查问卷显示，有57.86%的企业存在融资难问题。[①] 中小企业将融资难的原因依次归结为"金融机构的原因""企业内部原因""政府扶持不够""担保机构原因"，占比分别为31.75%、31.42%、19.08%和17.76%。除银行贷款手续烦琐外，信用审查过严和对抵押品要求过高成为中小企业无法获得银行贷款的另外两个重要原因。国有商业银行和城乡信用社企业是中小企业贷款的主要来源，同时向这两者申请融资的企业中报告融资困难的企业比例也最高。在向银行申请贷款的过程中，70%以上的企业会选择以自身的房产和设备为抵押，虽然有一半以上的企业认为担保机构可以缓解融资难的问题，但是采用专业担保公司的企业比例不到20%。对此，进一步的问卷调查显示，担保手续烦琐是影响企业向担保机构申请贷款担保的首要原因，其次是申请的成功概率低和担保费用过高。

第三节　数据库与融资约束测度

一、数据来源与样本

本书使用的数据是通过匹配2000~2007年国家统计局《中国工业企业数据库》和商务部《中国境外投资企业（机构）名录》获得的。首先将《中国工业企业数据库》与《中国境外投资企业（机构）名录》中的企业按年进行匹配，发现2004年之前《中国工业企业数据库》中对外直接投资的企业数量极少。如果将数据进一步处理，例如，剔除重要解释变量缺失的样本，则2004年之前的样本所剩无几。因此，我们最终得到的是包含了2005~2007年的样本。

---

① 该次调查共发放1100份问卷，收回有效问卷916份，在回答融资难易程度的814份问卷中共有471家企业认为存在融资难。

　　参考已有研究的做法，本书将《中国工业企业数据库》进行了如下的处理：第一，《中国工业企业数据库》中统计的指标名称和储存格式并不完全一致，首先将各个指标的名称和存储格式进行统一，并删除一些实证分析中不会用到的指标。第二，由于存在不同企业使用相同企业代码的问题，采用企业代码识别重复样本时可能错误地删除样本。因此，首先定义新的企业代码，采用企业名称加上统计年份构成新的企业代码，然后再结合企业所在地区的区号、法人代表、企业成立时间、总资产、职工人数、总产值等指标进行进一步的筛选。第三，删除重要指标缺失或者有异常的样本，例如，固定资产年均净值、总负债、职工人数、主营业务收入等。第四，为了控制地区效应，删除了企业所处地区信息无法识别的样本。第五，将样本处理为平衡面板。第六，为减轻极端值的影响，对重要的指标变量进行了上下1%的缩尾处理（winsorize）。

　　对《中国境外直接投资企业（机构）名录》中的企业信息作了如下处理：第一，中国香港、澳门以及塞舌尔、库克群岛、开曼群岛、百慕大群岛、英属维尔京群岛、伯利兹、萨摩亚、马绍尔群岛等国家（地区）被称为"避税天堂"，企业在这些国家（地区）常常不会进行真正的生产经营活动，因此，这些地区的投资样本未包含在内；第二，《中国境外直接投资企业（机构）名录》中给出了投资获批的证书号、投资目的地、境内投资主体、境外投资子公司的名称等信息，按照这些信息将重复的样本删除。

　　将处理过的《中国境外直接投资企业（机构）名录》中的企业和《中国工业企业数据库》中的企业进行匹配，最后得到433133个样本，其中有对外直接投资的样本467个。蒋冠宏（2014）对这两个数据库的匹配得到了1429家有对外直接投资记录的企业数据，里面包含了向中国香港等地区的投资。由于以中国香港进行对外直接投资的企业极多，但是多数都非最终目的地，本书从样本中剔除对中国香港等避税地的投资，得到的对外直接投资样本显著减少。考虑到这一原因可以判断本书的样本与已有研究的样本比较接近，佐证了数据处理过程的合理性，可以保证检验结果的有效性。

二、融资约束的测度

　　法拉奇等（Fazzari et al.，1988）发现企业受到的融资约束越强，投资对现金流的敏感性越高。但是卡普兰和津加莱斯（Kaplan & Zingales，1997）采用不同的方法衡量融资约束，得到了完全相反的结论：融资约束越低的企业，投资对现金流越敏感。尽管投资－现金流敏感性方法在衡量企业是否存在融资约束时可能得出大相径庭的结论，但是依然在实证研究中被广泛应用。之后，不断有研究致力于改进融资约束的测度方法，例如，拉蒙特等（Lamont et al.，2001）借鉴卡普兰和津加莱斯（Kaplan & Zingales，1997）的方法，使用现金流比率、负债比率、鼓励支付率、托宾 Q 等分类指标构造了 KZ 指数。怀特和吴（Whited & Wu，2006）根据季度财务数据构造了 Whited-Wu（WW）指数。哈德洛克和皮尔斯（Hadlock & Pierce，2010）构造了 Size-Age（SA）指数。王碧珺等（2015）则使用综合指标法构造衡量企业融资程度的实证指标，其中包含了外源资金约束指标、内外融资约束指标以及投资机会等多方面的因素。由于构造过程中通常首先要将单个指标进行分级处理，然后再合成综合指标，分级处理中难免存在主观性，影响了指标的可靠性，以及不同指标之间的可比性。

另一类融资约束的衡量方法则是使用单项指标，根据融资约束的成因可以将这些单项指标划分为内源融资约束指标和外源融资约束指标。马淑琴和王江杭（2014）对这两类指标的代表性评价指标做了较为详细的归纳。衡量内源融资约束的指标主要反映了企业财务状况或者营运能力，例如，现金流量或者现金存量（于洪霞等，2011；阳佳余，2012；Manova，2013）、全要素生产率或者权益回报率（Muûls，2008；于洪霞等，2011）等。衡量外部融资约束的指标主要反映了金融市场发展水平（Antras & Foley，2011；Manova，2013）、融资依存度（阳佳余，2012；Manova，2013）、企业的偿债能力（孙灵燕和李荣林，2011；阳佳余，2012）等。

本书在参考已有研究的基础上采用多个反映企业内部和外部融资能力的指标，构造衡量企业融资能力的综合指标。该指标主要由四个分项指标构成：企业规模、固定资产净值率、清偿比率、利润率。其中，企业规模使用企业总资产表示，并取对数。企业规模是衡量企业信用、经营能力和抗风险能力的重要依据，通常企业规模越大越容易获得外部融资，是衡量企业融资能力的常用指标之一（Cleary，2006；Musso & Schiavo，2008；Hadlock & Pierce，2010）。固定资产净值率使用企业固定资产年均净值占总资产的比例构成，较多的固定资产可以提高企业贷款抵押能力，进而可以提高企业获得外部融资的概率（Buch et al. , 2010, 2014）。清偿比率由所有者权益占企业总负债的比例构成，该指标越高说明企业的偿债能力越强，越有利于保护银行等投资人的利益，因此，这类企业也更容易获得外部融资，受到的融资约束就越小（Musso & Schiavo, 2008；Bellone et al. , 2010）。利润率以企业利润总额占工业销售产值比率来衡量，该指标反映了企业从内部获得资金的能力，同时也反映了企业的盈利能力。企业的内部资金越充足，对外部融资依赖度就会降低，同时良好的盈利能力也会使外部融资变得更加容易（Kaplan & Zingales, 1997；Whited & Wu, 2006；阳佳余, 2012）。

参考贝朗尼等（Bellone et al. , 2010）、阳佳余（2012）以及王碧珺等（2015）的研究方法，本书通过以下步骤构造了企业的融资能力指标。首先，对于每一个分项指标，取值越大表明企业的融资能力越强，相应的融资约束越低。根据企业各分项指标取值的大小将每个指标衡量的融资能力划分为10个区间，并分别赋予 1~10 的取值，赋值越大表明融资能力越弱，融资约束越强。其次，得到四个分项指标的赋值后，进行加总并进行标准化处理构成融资约束指标。融资约束指标的取值越高表明企业的融资约束增强，越不利于企业进行对外直接投资。

第四节 企业对外直接投资决策与融资约束的描述性统计

一、是否对外直接投资与企业的融资约束程度

表4-2对比了未对外直接投资的企业和对外直接投资的企业的全要素生产率和融资约束。未进行对外直接投资的企业的平均全要素生产率（TFP）为7.060，对外直接投资企业的平均全要素生产率为7.849，高于未进行对外直接投资的企业。未进行对外直接投资的企业中融资约束的均值（FC）为0.0003，高于对外直接投资企业的 -0.317。从融资约束的滞后一期（l. FC）来看，未进行对外直接投资的企业的均值为0.0204，对外直接投资企业的均值为 -0.389，表明平均来看对外直接投资企业的融资约束始终低于非对外直

接投资企业，前者相较于后者始终具有更强的融资能力。对于未对外直接投资的企业而言，融资约束的当前值比滞后一期值小，说明融资约束程度有所减轻，但是对外直接投资企业的融资约束变化不大。

表 4 - 2　　　　　　　　　对外直接投资企业和未对外直接投资企业的对比

类别	变量名称	观测值	均值	标准差	最小值	最大值
OFDIdy = 0：未对外直接投资企业	TFP	428008	7.060	1.096	-3.042	15.189
	FC	431215	0.0003	1.000	-2.788	2.788
	l. FC	287456	0.0204	0.999	-2.788	2.788
OFDIdy = 1：对外直接投资企业	TFP	460	7.849	1.370	4.165	12.984
	FC	467	-0.317	0.868	-2.478	2.168
	l. FC	312	-0.389	0.819	-2.478	2.168

　　表 4 - 3 对比了向高收入国家投资和向低收入国家投资的企业的全要素生产率和融资约束，发现向高收入国家投资的企业的平均全要素生产率并不比低收入国家高，相反还略微偏低。由于描述性统计中无法控制融资约束的影响，还需要通过更严谨的计量分析来证明这种关系是否真实存在。无论向低收入国家投资的企业还是向高收入国家投资的企业，融资约束的当期平均值大于滞后一期的平均值，表明企业的融资约束有增强的趋势。投资高收入国家的企业的融资约束滞后一期均值为 -0.371，投资低收入国家的企业的融资约束滞后一期均值为 -0.375，二者之间的差异很小，说明融资约束在影响投资目的国选择时可能不存在显著的差异，不过仍然需要通过更为严谨的计量分析来确定描述性统计分析中的现象的可靠性。

表 4 - 3　　　　　　　　　向高收入国家和低收入国家投资的对比

	变量名称	观测值	均值	标准差	最大值	最小值
fdiinc = 0：向低收入国家投资企业	TFP	100	7.868	1.458	5.126	11.543
	FC	102	-0.307	0.909	-2.324	2.013
	l. FC	72	-0.375	0.859	-2.478	2.013

类别	变量名称	观测值	均值	标准差	最大值	最小值
fdiinc = 1：向高收入国家投资企业	*TFP*	342	7. 756	1. 256	4. 165	12. 984
	FC	347	− 0. 310	0. 865	− 2. 478	2. 168
	l. *FC*	227	− 0. 371	0. 812	− 2. 324	2. 168

表 4 - 4 中给出了分所有制性质的全部企业、对外直接投资企业和非对外直接投资企业的全要素生产率和融资约束的变化情况。关于企业所有制性质的划分标准，有学者指出相比按照注册类型划分所有制类型，按照企业注册资本比重划分更加可靠（Guariglia et al.，2011）。本书借鉴张杰等（2013）的做法，按照不同出资人的出资额占实收资本的比重（≥50%），将企业划分为国有企业、集体企业、法人企业、私有企业、港澳台资企业以及外资企业 6 种类型。从全部企业样本看，外资企业和国有企业的当期融资约束均值最小。从对外直接投资企业的样本看，按照融资约束从小到大排序依次为国有企业、集体企业、法人企业、私有企业、港澳台资企业和外资企业。法人企业的融资约束较轻，是因为这类企业通常具有更完善的公司治理，更容易被金融机构看作是优质的客户资源，获得外部融资。而且法人企业的法人可能是自然人，也可能是组织机构等，因此，在成立之初就可能获得潜在的、更多的资源，为其对外直接投资提供帮助。在非对外直接投资企业中，融资约束最小的是外资企业和国有企业，私有企业的融资约束最强。无论是在对外直接投资企业中还是非对外直接投资企业中，国有企业的融资约束都比较小，私有企业的融资约束相对而言比较强。国有企业、集体企业、法人企业和私有企业中对外直接投资企业和非对外直接投资企业的融资约束均值差异较大，对于港澳台资企业和外资企业而言这种差异较小。这表明融资约束对企业对外直接投资决策的影响在港澳台资企业和外资企业中的影响可能会相对较小。从对外直接投资企业的数量看，私有企业和法人企业是中国对外直接投资的主体，法人企业中对外直接投资企业的占比为 12‰，私有企业中这个比重为 11‰，说明这两类企业确实具有更高的对外直接投资动力。港澳台资企业的情形正好相反，对他们而言在中国境内生产经营的重要目标是满足境内市场的需要，或者将境内作为生产基地。以在中国境内的企业为核心开

展对外直接投资并非港澳台资企业的重要战略组成部分。特别是，当这些港澳台资企业是劳动密集型或者主要从事价值链低端的加工组装等活动时，更加不可能以境内企业为中心展开对外直接投资。在法人企业和私有企业中对外直接投资和非对外直接投资企业的融资约束程度差异较大，融资约束的当期均值的差分别为 0.362 和 0.290，融资约束滞后一期的均值差分别为 0.478 和 0.348。这种差异在国有企业中最明显，其次是集体企业，差异最小的是港澳台资企业和外资企业。法人企业和私有企业能够更好地反映中国企业对外直接投资中的融资约束状况。

表 4 – 4　　　　不同所有制企业的全要素生产率、融资约束描述性统计

类别	变量名称	国有	集体	法人	私有	港澳台资	外资
全部企业	企业样本数（家）	19085	23026	111572	208137	33903	35061
	TFP 均值	7.220	7.058	7.176	6.923	7.059	7.394
	FC 均值	-0.203	0.091	-0.081	0.120	-0.087	-0.296
	l. FC 均值	-0.193	0.093	-0.048	0.142	-0.077	-0.302
对外直接投资企业	企业样本数（家）	14	10	136	240	18	34
	TFP 均值	10.154	7.944	7.969	7.650	7.327	7.568
	FC 均值	-0.996	-0.527	-0.371	-0.242	-0.129	-0.137
	l. FC 均值	-1.119	-0.639	-0.396	-0.336	-0.262	-0.254
	OFDI 企业占比（%）	0.06	0.04	0.12	0.11	0.05	0.10
非对外直接投资企业	企业样本数（家）	19071	23016	111436	207897	33886	35027
	TFP 均值	7.217	7.057	7.175	6.923	7.059	7.394
	FC 均值	-0.203	0.091	-0.081	0.120	-0.087	-0.296
	l. FC 均值	0.192	0.093	-0.048	0.142	-0.077	-0.302

从全要素生产率均值看，在全部企业和非对外直接投资企业样本中，外资企业的全要素生产率最高，其次是国有企业和法人企业，私有企业的全要素生产率最低，但是在对外直接投资企业样本中，全要素生产率最高的是国有企业和法人企业，港澳台资企业和外资企业的全要素生产率为最低。对外直接投资的国有企业融资约束最低，全要素生产率最高，非对外直接投资的

私有企业融资约束最强、全要素生产率也最低。在对外直接投资和非对外直接投资企业样本中，企业的全要素生产率高低与融资约束大小基本呈反向关系，融资约束较小的企业全要素生产率相对较高。

将企业按照劳动资本比分组后得到的全要素生产率以及融资约束均值的描述性统计见表4-5。可以看到，高劳动资本比的企业中对外直接投资企业样本数量为323个，是低劳动资本比企业对外直接投资数量的2倍多。就全要素生产率而言，无论是否对外直接投资高劳动资本比企业的全要素生产率都高于对应的低劳动资本比企业，前者的平均融资约束则低于后者。在高劳动资本比和低劳动资本比企业样本内部，对外直接投资企业的生产率高于非对外直接投资企业，前者的融资约束低于后者。这表明资本密集型企业（高劳动资本比企业）整体上的融资约束小于劳动密集型企业（低劳动资本比企业），更容易提高生产率并进行对外直接投资。

表4-5　　　　全要素生产率和融资约束描述性统计（1）

项目	高劳动资本比			低劳动资本比		
	全部企业	未 OFDI 企业	OFDI 企业	全部企业	未 OFDI 企业	OFDI 企业
样本数量（个）	216558	216235	323	216555	216411	144
TFP 均值	7.322	7.321	8.154	6.802	6.801	7.173
FC 均值	-0.250	-0.250	-0.421	0.251	0.251	-0.084
l. FC 均值	-0.216	-0.216	-0.487	0.257	0.257	-0.141
项目	高技术密集度			低技术密集度		
	全部企业	未 OFDI 企业	OFDI 企业	全部企业	未 OFDI 企业	OFDI 企业
样本数量（个）	214066	213792	274	219047	218854	193
TFP 均值	7.075	7.075	7.897	7.047	7.046	7.781
FC 均值	0.041	0.042	-0.342	-0.040	-0.040	-0.281
l. FC 均值	0.079	0.080	-0.389	-0.035	-0.034	-0.389

续表

项目	获得政府补贴			未获得政府补贴		
	全部企业	未 OFDI 企业	OFDI 企业	全部企业	未 OFDI 企业	OFDI 企业
样本数量（个）	64695	64502	193	368418	368144	274
TFP 均值	7.337	7.335	8.256	7.012	7.012	7.560
FC 均值	-0.155	-0.154	-0.398	0.027	0.028	-0.260
l. *FC* 均值	-0.138	-0.137	-0.450	0.048	0.048	-0.342

将企业按照技术密集度进行划分，技术密集度的计算方法借鉴周茂等（2015）的做法。首先计算企业的技术密集度，即企业新产品产值占工业总产值的比重；其次，当企业的技术密集度高于全行业均值时，企业被划分为高技术密集度企业，反之为低技术密集度企业。整体上看，高技术密度企业的全要素生产率均值为 7.075，与低技术密集度企业的全要素生产率差异微小，融资约束水平则要高于低技术密集度企业。就对外直接投资企业而言，高技术密集度企业的全要素生产率高于低技术密集度企业，前者的融资约束低于后者。在非对外直接投资企业中，高技术密集度企业的全要素生产率只比低技术密集度企业略高，但是前者的融资约束大约后者。在高技术密集度和低技术密集度企业样本内部，对外直接投资企业的全要素生产率高于非对外直接投资企业，前者的融资约束小于后者。这表明从企业技术密集度角度看，仍然存在生产率高、融资约束小的企业进行对外直接投资的规律。

按照企业是否获得政府补贴将企业划分为两组，可以看到获得政府补贴的企业数量很少，其全要素生产率均值高于未获得补贴的企业，无论是对外直接投资还是非对外直接投资企业，获得政府补贴的企业全要素生产率都相对较高，融资约束相对较小。无论企业是否获得政府补贴，对外直接投资企业的融资约束总是小于非对外直接投资企业，前者的生产率总是高于后者。

表 4-6 为不同地区企业的全要素生产率与融资约束的描述性统计。为了避免过多的数据挖掘，本书使用了徐清（2014）计算的中国各省份金融发展指标，从地区金融规模、金融结构和金融效率三个方面衡量企业所在省份的金融发展状况。金融规模指标计算方法为各省融资总额占各省 GDP 总值的比

率。金融结构指标由各省直接融资额占各省融资总额的比重和债券融资占直接融资的比重两个分项指标构成。金融效率指标由储蓄转化效率指标和资本配置指标两个分项指标构成。本书将金融规模、金融结构和金融效率指标值大于均值的省份分别归入金融规模较大、金融结构较优和金融效率较高地区。

表 4 - 6   TFP 和融资约束描述性统计（2）

项目	金融规模较大地区			金融规模较小地区		
	全部企业	未 OFDI 企业	OFDI 企业	全部企业	未 OFDI 企业	OFDI 企业
样本数量（个）	178531	178253	278	254582	254393	189
TFP 均值	6.911	6.910	7.543	7.167	7.166	8.291
FC 均值	0.095	0.096	- 0.210	- 0.067	- 0.067	- 0.474
l. FC 均值	0.117	0.118	- 0.299	- 0.065	- 0.065	- 0.548

项目	金融结构较优地区			金融结构较差地区		
	全部企业	未 OFDI 企业	OFDI 企业	全部企业	未 OFDI 企业	OFDI 企业
样本数量	191332	191150	182	241781	241496	285
TFP 均值	7.097	7.097	7.815	7.032	7.031	7.871
FC 均值	- 0.059	- 0.059	- 0.335	0.047	0.047	- 0.306
l. FC 均值	- 0.089	- 0.089	- 0.535	0.105	0.106	- 0.328

项目	金融效率较高地区			金融效率较低地区		
	全部企业	未 OFDI 企业	OFDI 企业	全部企业	未 OFDI 企业	OFDI 企业
样本数量（个）	199055	198731	324	234058	233915	143
TFP 均值	6.991	6.990	7.614	7.121	7.120	8.391
FC 均值	0.046	0.046	- 0.206	- 0.039	- 0.039	- 0.569
l. FC 均值	0.077	0.077	- 0.284	- 0.026	- 0.026	- 0.603

首先，从金融规模角度看。虽然位于金融规模较大地区的样本企业数量少于金融规模较小地区，但是前者的对外直接投资企业数量却多于后者。虽

然从金融发展角度讲，金融规模较大地区的企业更容易获得融资用于提高生产率，但是本书的统计数据显示，金融规模较小地区企业的平均全要素生产率反而高于金融规模较大地区的企业，尤其是金融规模较小地区的对外直接投资企业的平均全要素生产率为8.291，相应的金融规模较大地区的平均全要素生产率为7.543。无论是在金融规模较大的地区还是在金融规模较小的地区，对外直接投资企业的平均融资约束水平总是低于非对外直接投资企业。无论是对外直接投资企业还是非对外直接投资企业，金融规模较大地区企业的平均融资约束水平都要高于金融规模较小地区的企业。

其次，从金融结构角度看。对外直接投资投资企业中61%分布于金融结构指标值小于均值的省份。从全要素生产率均值看，金融规模较优地区的非对外直接投资企业的均值略高于金融结构较差地区的企业，对外直接投资企业的生产率均值则略低于后者。从不同金融结构地区内部看，对外直接投资企业的生产率高于非对外直接投资企业，前者的融资约束低于后者。

最后，从金融效率角度看。68%的对外直接投资企业位于金融效率较高省份。无论是对外直接投资企业还是非对外直接投资企业，位于金融效率较高的省份的企业生产率都低于非对外直接投资企业。但是在不同的金融效率地区内部，对外直接投资企业的全要素生产率低于非对外直接投资企业，前者的融资约束低于后者。总的来说，金融效率较低地区的企业的平均全要素生产率更高、融资约束更小。

二、对外直接投资区位选择与企业的融资约束程度

表4-7给出了按照对外直接投资目的地经济发展水平和对外直接投资子公司的活动类型划分的描述性统计。按照对外直接投资目的地经济发展水平划分时，在低收入国家进行的对外直接投资有102次，高收入国家的有347次，占到全部对外直接投资样本的将近75%，同时在高收入国家和低收入国家投资的只有18次，说明高收入国家是中国工业企业对外直接投资的主要目的地。就对外直接投资企业的平均全要素生产率而言，同时投资高收入国家和低收入国家的企业的全要素生产率最高，投资高收入国家的企业的全要素生产率均值反而低于投资低收入国家的企业。从融资约束均值来看，无论是当期均值还是滞后一期的均值，同时投资高收入国家和低收入国家的企业的

融资约束均是最小，只投资高收入国家与只投资低收入国家的企业的融资约束均值非常接近。动态地看，无论企业如何组合投资目的国，融资约束的当期均值都大于滞后一期均值，但是变化最明显的是同时投资高收入国家和低收入国家的企业。这表明对外直接投资对企业的融资能力要求较高，而且投资涉及的目的国类型越多，投资的成本可能会越高，会加重企业的融资约束。

表4 – 7 　　　　　　　　　　中国企业对外直接投资的区位分布

项目	按对外直接投资目的地经济水平划分		
	inc = 1	*inc* = 2	*inc* = 3
样本数量（次）	102	347	18
TFP 均值	7. 868	7. 756	9. 518
FC 均值	− 0. 307	− 0. 310	− 0. 508
l. *FC* 均值	− 0. 374	− 0. 371	− 0. 787

注：*inc* = 1：只向低收入国家投资，*inc* = 2：只向高收入国家投资，*inc* = 3：同时向低收入国家和高收入国家投资。

　　表4 – 8为按照企业的所有制性质进行划分后的描述性统计。除集体企业和外资企业外，在国有企业、法人企业、私有企业和港澳台资企业中，同时向低收入国家和高收入国家进行投资的企业，其全要素生产率高于只向某一类收入水平国家投资的企业，这一特征在国有企业和私有企业中较为明显。在国有企业、私有企业中向高收入国家投资的企业的全要素生产率均值高于向低收入国家投资的企业，但是在集体企业、法人企业、港澳台资企业和外资企业中投资低收入国家的企业的全要素生产率均值高于向高收入国家投资的企业。不过在私有企业和港澳台资企业中投资高收入国家与低收入国家的企业的全要素生产率均值的差异小于其他所有制性质企业中的差异。就融资约束而言，国有企业、私有企业、集体企业和外资企业中投资低收入国家、高收入国家和同时向高低收入国家投资的企业的融资约束基本呈现依次降低的规律。在其他两类企业中这种规律并不显著。

表 4-8   不同所有制性质企业

项目	国有企业			集体企业		
	inc = 1	*inc* = 2	*inc* = 3	*inc* = 1	*inc* = 2	*inc* = 3
样本数量（次）	5	8	1	2	8	0
TFP 均值	9.419	10.383	11.994	8.643	7.770	—
FC 均值	-0.744	-1.104	-1.394	-0.387	-0.562	—
l. *FC* 均值	-0.233	-1.368	-1.394	-0.852	-0.568	—

项目	法人企业			私有企业		
	inc = 1	*inc* = 2	*inc* = 3	*inc* = 1	*inc* = 2	*inc* = 3
样本数量（次）	30	103	3	55	176	9
TFP 均值	8.318	7.852	8.449	7.380	7.655	9.159
FC 均值	-0.537	-0.324	-0.362	-0.135	-0.269	-0.362
l. *FC* 均值	-0.380	-0.404	-0.362	-0.389	-0.293	-0.961

项目	港澳台资企业			外资企业		
	inc = 1	*inc* = 2	*inc* = 3	*inc* = 1	*inc* = 2	*inc* = 3
样本数量（次）	3	14	1	6	28	0
TFP 均值	7.364	7.311	7.439	8.229	7.422	—
FC 均值	-0.516	-0.067	0.155	-0.026	-0.161	—
l. *FC* 均值	-0.2323	-0.310	0.155	-0.310	-0.379	—

注：*inc* = 1：只向低收入国家投资，*inc* = 2：只向高收入国家投资，*inc* = 3：同时向低收入国家和高收入国家投资。

表 4-9 为按照劳动资本比和技术密集度划分后的描述性统计。首先，无论是高劳动资本比（资本密集型）企业还是低劳动资本比（劳动密集型）企业，同时向高收入和低收入国家投资的企业，其全要素生产率均更高，但是只有在资本密集型企业中同时向两类收入水平国家投资的企业的融资约束均值最小，在劳动密集型企业中向高收入国家投资的企业的融资约束均值最小。而且在资本密集型企业中除了 *inc* = 3 中融资约束的当期均值与滞后一期均值的差异较大外，只向高收入或者只向低收入国家投资的企业的均值变化都较小。劳动密集型企业的融资约束整体上均高于资本密集型企业，而且在 *inc* = 3 中融资约束的变化为滞后一期的均值大于当期均值，变化方向与其他投资

组合相反。这意味着劳动密集型企业可能通过向不同收入水平的国家同时进行投资缓解融资约束。

表 4 - 9 不同劳动资本比和技术密集度企业

项目	高劳动资本比				低劳动资本比			
	$inc = 0$	$inc = 1$	$inc = 2$	$inc = 3$	$inc = 0$	$inc = 1$	$inc = 2$	$inc = 3$
样本数量（次）	216235	70	238	14	216411	31	24	117
TFP 均值	7. 332	8. 255	8. 011	10. 031	6. 801	6. 965	7. 209	7. 724
FC 均值	- 0. 250	- 0. 447	- 0. 400	- 0. 642	0. 251	0. 015	- 0. 114	- 0. 039
l. FC 均值	- 0. 216	- 0. 493	- 0. 457	- 0. 865	0. 257	- 0. 106	- 0. 157	1. 155
项目	高技术密集度				低技术密集度			
	$inc = 0$	$inc = 1$	$inc = 2$	$inc = 3$	$inc = 0$	$inc = 1$	$inc = 2$	$inc = 3$
样本数量（次）	213792	54	207	13	218854	48	140	5
TFP 均值	7. 075	7. 915	7. 760	9. 957	7. 046	7. 813	7. 749	8. 378
FC 均值	0. 042	- 0. 456	- 0. 296	- 0. 608	- 0. 040	- 0. 139	- 0. 331	- 0. 248
l. FC 均值	0. 080	- 0. 562	- 0. 312	- 0. 806	- 0. 034	- 0. 141	- 0. 472	0. 723

注：$inc = 1$：只向低收入国家投资，$inc = 2$：只向高收入国家投资，$inc = 3$：同时向低收入国家和高收入国家投资。

三、对外直接投资价值链链节与企业的融资约束程度

借鉴徐康宁和陈健（2008）对在华外资企业价值增值环节的划分方法，本书根据对外直接投资中国企业在东道国的经营活动范围来划分价值链链节。对外直接投资的中国企业在东道国的活动主要包含四个方面：商务服务、生产加工、研究设计和能源开采。其中，商务服务主要包括在东道国进行市场调研、信息收集、联系客户、产品推介、接受订单、进出口贸易等，目的是为促进国内产品出口，或者开拓东道国及其周边市场。企业在东道国的活动并不局限于某一种，因此，较难根据《中国境外投资企业（机构）名录》中提供的经营范围将企业对外直接投资的价值链链节进行非常准确的归类，对此本书做了以下处理。

首先，当企业在东道国进行生产（加工）和销售，但又未说明是否将产

品销往东道国以外的地区时，将这类投资视为生产类投资。其次，如果企业在东道国同时从事两种以上活动时，则归入混合类投资。如此一来全部样本企业被分为六类，即非对外直接投资企业、商贸服务类投资企业、生产类投资企业、研发设计类投资企业、资源类投资企业以及混合类投资企业。在对外直接投资企业中单纯从事商贸服务的有 310 个样本，单纯从事生产类投资的有 85 个样本，单纯从事研发的有 2 个样本，单纯从事能源类的有 3 个样本，混合类投资的有 67 个样本。

表 4 - 10 给出了不同样本企业的全要素生产率和融资约束的描述性统计。单纯进行研发设计和资源类对外直接投资企业样本只有很少的数量，但是从事这两类投资的企业的生产率却是最高的，特别是研发设计类企业，同时该类企业的融资约束却是最低的，表明一方面偏重研发设计的对外直接投资企业更可能拥有更高的生产率，并以高生产率作为进行研发设计投资的重要基础。另一方面，由于研发设计产生的知识积累较难进行抵押，这类企业必须拥有很强的融资能力和较低的融资约束才能开展对外直接投资。单纯进行资源类对外直接投资的企业只有 3 个，它们的生产率水平也较高，这表明中国在能源、资源等领域拥有比较强的竞争力，同时从事能源、资源类投资的多为国有大型企业，这类企业在负债融资中享有规模和所有制性质带来的融资优势。在支持中国经济长期发展的重要战略资源中，中国能够自我满足的仅有少数几种（黄汉民和郑先勇，2010），因此，能源、资源安全的重要战略地位决定了能源类企业更可能享受政府补贴等优惠政策，这类企业的融资约束较低。商贸服务类对外直接投资是占绝对优势的对外直接投资活动，其次是纯生产类和混合类投资。其中，较之商贸服务类和生产类对外直接投资企业，混合类对外直接投资企业的生产率水平较高、融资约束较低。商贸服务类和生产类对外直接投资企业的全要素生产率和融资约束差异很小，这意味着这两类投资企业的融资约束与全要素生产率可能不存在显著的差异。

表 4 - 10   不同价值链链节上对外直接投资企业的描述性统计

项目	混合类	商贸服务类	生产类	研发设计类	资源类
样本数量（个）	67	310	85	2	3
TFP 均值	8.31	7.74	7.73	11.08	9.75

续表

项目	混合类	商贸服务类	生产类	研发设计类	资源类
FC 均值	− 0.555	− 0.270	− 0.246	− 1.39	− 1.136
l. *FC* 均值	− 0.626	− 0.330	− 0.356	− 1.55	− 1.084

表 4 − 11 中报告了混合类投资企业中四种不同价值链链节选择的描述性统计，其中涉及商贸服务类活动的有 55 个样本企业，生产类活动的有 39 个样本企业，研发设计类活动的有 33 个样本企业，资源类活动的有 9 个样本企业。进行混合类对外直接投资的企业中，涉及商贸服务类、生产类和资源类投资的企业的平均全要素生产率分别高于单独进行这三类活动的企业。这一点不难理解，境外活动涉及的面越广，对外直接投资的成本也相应会上升，提高了企业进行混合类对外直接投资的生产率门槛。单独进行研发类投资的企业的平均全要素生产率为 11.08，高于混合类投资中涉及研发设计类投资的企业，后者的平均全要素生产率仅为 8.20。从企业的平均融资约束看，涉及资源类投资的企业的融资约束最小，涉及商贸服务类和研发设计类投资的企业的融资约束较轻，涉及生产类投资的企业是所有混合类投资企业中融资约束最强的企业。因此，整体上看，相比进行其他类型投资活动的企业，研发设计类和资源类投资企业的融资约束较轻。

表 4 − 11　　　　　混合类投资样本中不同价值链链节的描述性统计

项目	商贸服务类	生产类	研发设计类	资源类
样本数量（个）	55	39	33	9
TFP 均值	8.18	8.06	8.20	10.35
FC 均值	− 0.552	− 0.374	− 0.573	− 1.136
l. *FC* 均值	− 0.581	− 0.477	− 0.666	− 1.173

表 4 − 12 进一步给出了不同价值链链节上的对外直接投资在不同收入水平国家的分布及全要素生产率和融资约束的描述性统计。只进行研发设计的对外直接投资全部发生在高收入国家，只进行资源开发的对外直接投资全部发生在低收入国家。这两类对外直接投资企业的全要素生产率最高、融资约

束最低。商贸服务类对外直接投资的样本中有 256 个发生在高收入国家，41
个在低收入国家，13 个样本企业同时在高收入和低收入国家进行了商贸服务
类投资。其中，同时在高收入和低收入国家投资的企业的全要素生产率均值
明显高于只在高收入或者低收入国家投资的企业，而且这类企业的融资约束
当期均值和滞后一期均值之间的变化也最大。生产类对外直接投资中高收入
国家的样本有 46 个，低收入国家的样本有 36 个，只有 3 个样本企业同时在
高收入和低收入国家进行生产类投资，但是这 3 个样本企业的全要素生产率
均值最高、融资约束均值最小。混合类对外直接投资样本中有 22 个在低收入
国家，43 个在高收入国家，同时在高收入国家和低收入国家进行混合类投资
的样本企业只有 2 个，其全要素生产率明显高于只在高收入或者低收入国家
投资的企业，融资约束也明显低于后者。

表 4 – 12　　　　　　　　基于东道国收入水平划分的描述性统计

项目	商贸服务类			生产类		
	高收入	低收入	高低收入	高收入	低收入	高低收入
样本数量（个）	256	41	13	46	36	3
TFP 均值	7.65	7.85	9.28	7.80	7.55	8.86
FC 均值	− 0.256	− 0.321	− 0.381	− 0.334	− 0.099	− 0.671
l. FC 均值	− 0.314	− 0.315	− 0.651	− 0.442	− 0.198	− 1.162

项目	研发设计类	资源类	混合类		
	高收入	低收入	高收入	低收入	高低收入
样本数量（个）	2	3	43	22	2
TFP 均值	11.08	9.75	8.20	8.17	12.05
FC 均值	− 1.394	− 1.136	− 0.555	− 0.507	− 1.084
l. FC 均值	− 1.549	− 1.084	− 0.604	− 0.620	− 1.394

　　通过对比可以发现，商贸服务类对外直接投资企业的全要素生产率不一
定低于从事生产类投资的企业，生产率是否会成为商贸服务类投资和生产类
投资企业的重要区别与投资东道国的经济发展水平有关。从融资约束看，生
产类对外直接投资企业与商贸服务类投资企业的差异主要体现在投资目的地

既有高收入国家又有低收入国家时。无论投资目的地国家的收入水平如何，混合类对外直接投资企业的融资约束总是小于相应的商贸服务类和生产类对外直接投资企业。初步的对比表明研发设计类、资源类和混合类对外直接投资需要企业具有更高的全要素生产率和更低的融资约束，本研究将下一节对此进行严谨的实证检验。

由于单独从事研发设计类投资和资源类投资的样本企业数量太少，无法对其进行分样本检验。为了减少这两类投资样本的损失，本研究进一步按照不同类型对外直接投资活动在"微笑曲线"中的位置将它们划分为三类：第一类是位于"微笑曲线"两端的活动，凡是包括商贸服务类、研发设计类和资源类投资，但是不涉及生产类投资的样本归入一类，使用"曲线两端活动"来表示；第二类为"微笑曲线"中部和底部的活动，包含只进行生产类对外直接投资的样本，用"曲线中部活动"表示；如果对外直接投资活动既涉及"曲线两端活动"又涉及"曲线中部活动"，则归入第三类"两端 & 中部活动"，如此划分后的描述性统计见表 4 – 13。"曲线两端活动"共涉及343 个对外直接投资样本，"曲线中部活动"涉及 85 个样本，"两端 & 中部活动"则涉及 39 个样本。从全要素生产率均值来看，从事"两端 & 中部活动"的对外直接投资企业的全要素生产率最高，从事曲线两端活动或者中部活动的企业的全要素生产率几乎相同。从融资约束均值来看，仍然是同时进行"两端 & 中部活动"的企业的融资约束相对较小，与前文细分价值链链节得到的结论一致。

表 4 – 13　　按照"微笑曲线"划分投资类型的描述性统计

项目	曲线两端活动	曲线中部活动	两端 & 中部活动
样本数量（个）	343	85	39
TFP 均值	7.86	7.73	8.06
FC 均值	− 0.328	− 0.246	− 0.374
l. FC 均值	− 0.387	− 0.356	− 0.477

融资约束对企业对外直接投资
生产率准入门槛的影响

本章的目的是在第三章第一节关于融资约束影响企业对外直接投资生产率准入门槛的理论分析基础上，采用中国工业企业数据对理论假说加以验证。

第一节　计量模型设定与变量

一、计量模型设定

在理论机理分析中，我们将企业对外直接投资行为分为两步。现实中，企业在决定对外直接投资的同时也决定了具体的投资方案。幸运的是，对外直接投资企业名录中提供了企业对外直接投资的目的国。在其他条件相同的情况下，向高收入国家投资的成本会高于低收入国家，会增加企业的投资成本，加大对外部融资的需求，由此引发融资成本差异。对向高收入国家投资产生更大的负面影响。因此，可以采用投资目的国的差异来标识不同投资方案成本的差异性。对应于理论分析部分，将实证分析分为两步，第一步考察生产率和融资约束对企业是否对外直接投资的影响，如果投资活动发生表明企业满足进行最低成本投资项目所需的生产率水平。第二步考察当企业投资不同成本的项目时，生产率和融资约束的影响，计量模型的具体设置方式如下：

$$OFDIdy_{i,t} = \beta_{01} + \beta_{11}TFP_{it} + \beta_{21}FC_{it} + \beta_{c1}Controls_{it} + \nu_i + \nu_j + \nu_t + \nu_p + \mu_{i,t} \quad (5.1)$$

$$fdiinc_{it} = \beta_{02} + \beta_{12}TFP_{it} + \beta_{22}FC_{it} + \beta_{c2}Controls_{it} + \nu_i + \nu_j + \nu_t + \nu_p + \varepsilon_{i,t} \quad (5.2)$$

其中，下标 i、t 分别表示样本企业和年份；$OFDIdy$ 和 $fdiinc$ 为被解释变量，分别表示是否对外直接投资和对外直接投资的具体方案选择，当模型（5.1）中 $OFDIdy$ 取值为 1 时，才会对模型（5.2）进行估计；TFP 和 FC 是核心解释变量，分别表示企业的全要素生产率和融资约束；$Controls$ 表示其他控制变量；ε 和 μ 为误差项。ν_i 为企业层面不可观测的特征，用于控制解释变量中未能加以控制企业因素；ν_j 为行业层面的特征，用于控制行业效应；ν_t 用于控制时间效应；ν_p 用于控制企业位于不同省份时的地区效应。

对应于模型的设定，采用带选择的 $probit$ 模型进行估计。在模型（5.1）比模型（5.2）增加企业年龄作为控制变量。企业年龄会影响企业的融资约束、进取精神等，进而影响是否对外直接投资，但是具体的投资项目选择与企业年龄的关系不大，主要是受到企业所在行业、投资机会、融资条件、企业的市场竞争力等因素的影响。

二、变量选择与指标构建

（一）被解释变量

（1）是否参与对外直接投资，用 $OFDIdy$ 表示。如果企业进行了对外直接投资则取值为 1，否则取值为 0。

（2）模型（5.2）的被解释变量为 $fdiinc$，表示具体投资项目。构造 $fdiinc$ 之前，首先依据世界银行全球发展指数（World Development Indicators，WDI）将投资目的地分为高收入国家和低收入国家。收入水平为中高收入和高收入的投资目的地归入高收入国家组，收入水平为中低和低收入的目的地归入低收入国家组。企业只向低收入国家投资时 $fdiinc = 0$；只向高收入国家

投资时 $fdiinc = 1$。有少量的企业既向低收入国家又向高收入国家投资，不进入模型（5.2）的检验过程。在模型（5.1）的检验过程中是否剔除这些样本不会改变实证检验的结果。

（二）解释变量

（1）全要素生产率（TFP）：采用了 LP 法计算，并取对数。LP 法是目前估计全要素生产率比较常用方法之一，本章在估计中使用到的重要指标包括企业的增加值、员工人数、中间投入品、总资产。这使得全要素生产率与许多企业层面的控制变量存在很高的相关性，限制了模型中控制变量的选择。

（2）融资约束（FC）：融资约束指标采用第四章中描述的方法计算，此处不再赘述。本章预期该指标的估计系数为负。

（3）出口（EXD）：当企业的出口额大于零时，EXD 取值为 1；企业没有出口时，EXD 取值为 0。出口的成本小于对外直接投资，企业可以通过出口对国外市场进行试探，并积累国际经营的经验。大量的研究从理论和经验分析的角度都证明了出口往往是企业对外直接投资的先导（Conconi et al.，2016）。针对中国企业出口和对外直接投资的一些研究则进一步表明，出口具有缓解企业融资约束的作用（韩剑和王静，2012）。

（4）企业年龄（age）：由样本统计年份减去企业成立年份构成。在市场中生存越久的企业通常具有越高的生产率，更容易与银行等金融机构建立长期关系，并减少信息不对称带来的信贷约束。从这个角度讲年龄较大的企业更可能对外直接投资，但是年龄较大的企业可能缺乏新企业的创新精神和进取精神。相比一些天生国际化的企业，他们也不一定有更高的对外直接投资概率。

（5）企业的工资水平（salary）：由应付职工薪酬及福利等除以企业的职工人数计算，并取对数。企业的工资水平可以反映企业多方面的特征，例如，工资高的企业生产率通常也较高、高技术密集度和知识密集度的企业工资水平较高、出口企业的工资水平通常较高。工资水平还可以反映劳动力成本，劳动力成本上升是推动中国企业向低收入国家转移劳动密集型产业的重要原因。

（6）企业的固定资产规模（WFAS）：由企业的固定资产占总资产的比例构成，用以控制不同行业中固定资产对对外直接投资决策的影响。固定资产规模与企业所在的行业和生产的产品特征有关。如果企业在东道国进行生产类投资，产品与国内相同或者近似，企业在母国的固定资产规模与在东道国建厂的固定资产规模会比较近似。如果企业在东道国的投资是为了促进国内的生产和出口，那么市场规模扩大导致国内投资增加。但是对外直接投资是否成功，以及需求是否稳定对企业而言都具有不确定性。投资失败或者需求萎缩将会损害企业利益，降低市场竞争力。从这个角度看，固定资产规模的大小可以反映企业承担的投资风险，固定资产规模越大，投资的风险越高，企业的投资决策越谨慎。

（7）企业的现金流（*WCF*）：企业的现金流由净利润加上当期折旧构成，为控制企业规模的影响，本章采用现金流比上总资产构成该指标（Guariglia et al.，2011；何光辉和杨咸月，2012）。

由于企业的对外直接投资活动可能反向影响企业的生产率、融资能力等，造成解释变量与被解释变量之间的反向因果关系。为减少内生性问题的困扰，在实证检验中对于一些容易受到对外直接投资影响的变量本章使用了其滞后一期值，其中包括全要素生产率、融资能力、固定资产规模、现金流和出口。

第二节　实　证　检　验

一、变量的描述性统计

表 5-1 中给出了被解释变量和解释变量的描述性统计。有直接投资发生的样本（不包含同时向高收入国家和低收入国家投资的样本）有 449 个，对外直接投资的企业只占全部企业的 1‰，大部分企业都不具有对外直接投资的能力。

表 5-1　　　　　　　　　　变量的描述性统计

变量名称	观测值	均值	标准差	最小值	最大值
OFDIdy	433113	0.001	0.033	0	1
fdiinc	449	0.773	0.419	0	1

续表

变量名称	观测值	均值	标准差	最小值	最大值
TFP	428468	7.061	1.097	−3.042	15.189
FC	431682	4.95×10^{-7}	1	−2.788	2.788
WFAS	433113	33.609	21.064	1.630	89.395
EXD	433113	0.294	0.456	0	1
salary	433096	2.739	0.545	−1.851	7.806
age	433113	10.424	9.757	1	170
WCF	433113	13.480	18.409	−12.782	102.982

表 5-2 对比了未对外直接投资的企业和对外直接投资的企业，以及向高收入国家和低收入国家投资的企业。未进行对外直接投资的企业的平均全要素生产率为 7.060，对外直接投资企业的平均全要素生产率为 7.849，高于未进行对外直接投资的企业。从融资约束程度看，无论是当期均值还是滞后一期均值，对外直接投资的融资约束都小于未进行对外直接投资的企业，表明生产率高、融资约束低的企业更可能选择对外直接投资。但是在高收入国家投资的企业其生产率和融资约束程度与在低收入国家投资的企业差异不大。因此，在决定投资目的国时融资约束和生产率的影响很可能不显著。

表 5-2　　　　　　　　　　　**_TFP_ 与 _FC_ 的描述性统计**

项目	*OFDIdy* = 0：未对外直接投资企业		*fdiinc* = 0：向低收入国家投资企业	
	观测值	均值	观测值	均值
TFP	428008	7.060	100	7.868
FC	431215	0.0003	102	−0.307
l. *FC*	287456	0.0204	72	−0.375

项目	*OFDIdy* = 1：对外直接投资企业		*fdiinc* = 1：向高收入国家投资企业	
	观测值	均值	观测值	均值
TFP	460	7.849	342	7.756
FC	467	−0.317	347	−0.310
l. *FC*	312	−0.389	227	−0.371

表5-3报告了被解释变量为 *OFDIdy* 时解释变量之间的相关系数矩阵。除融资约束与企业的固定资产规模的相关系数略高外，其余变量之间的相关系数都很小，降低了变量之间的多重共线性问题的困扰。

表5-3 解释变量相关系数矩阵

变量名称	l. *TFP*	l. *FC*	l. *EXD*	*age*	*salary*	l. *WFAS*	l. *WCF*
l. *TFP*	1						
l. *FC*	-0.3196	1					
l. *EXD*	0.0820	0.0045	1				
age	0.0785	-0.0163	0.0022	1			
salary	0.2945	-0.1260	0.1094	0.0384	1		
l. *WFAS*	-0.0783	-0.5340	-0.1266	-0.0155	-0.0840	1	
l. *WCF*	0.2774	-0.3470	-0.0640	-0.0753	0.0348	0.1472	1

二、计量结果与分析

（一）对外直接投资不同决策阶段融资约束与生产率作用的检验

本部分主要检验在对外直接投资的不同决策阶段融资约束与全要素生产率的影响。首先来看对全样本进行的基准检验，见表5-4。在表5-4第（1）列的检验中只有全要素生产率和融资约束两个核心解释变量，被解释变量为 *OFDIdy* 的估计结果中全要素生产率的估计系数为0.141，且在1%显著性水平下显著，表明当企业决定是否进行对外直接投资时，全要素生产率水平至关重要，生产率的提升可以显著促进企业进行对外直接投资，或者说生产率高的企业才能选择对外直接投资。表示融资约束的 l. *FC* 的估计系数则显著为-0.068，也在1%水平下显著，表明融资约束越强的企业进行对外直接投资的可能性越小。在选择是向高收入国家还是低收入国家进行投资时，全要素生产率 l. *TFP* 的估计系数依然为0.120，融资约束的估计系数为-0.071，均通过1%的显著性检验，意味着投资高收入国家的企业拥有更高的生产率、受到的融资约束也更小。接下来，在第（2）列的检验中进一步控制其他企业特征，检验结果显示在决定是否对外直接投资时，全要素生产率和融资约束的估计系数分别为 0.109 和 -0.203，均在 1% 水平下显著，但是在决定向高收入国家投资还是向低收入国家投资时，全要素生产率的估计系数为正，但是不显著，融资约束的估计系数依然为负，而且在 1% 水平下显著。在表 5-4 第（3）列的检验中进一步控制了行业、地区、年份和个体固定效应，检验结果与表 5-4 第（2）列中的结果基本一致。具体而言，当企业决策是否进行对外直接投资时，全要素生产率和融资约束的估计系数分别为 0.115 和 -0.199，显著性水平为 1%，表明生产率高的企业和融资约束小、融资能力强的企业更可能进行对外直接投资。在 fdiinc 的估计结果中，全要素生产率的估计系数不显著，表明生产率对于企业选择高收入国家还是低收入国家作为投资目的地没有显著的影响，但是融资能力强、融资约束较小的企业更可能选择高收入国家，即 l.FC 的估计系数显著为负。

表 5-4　　　　　　　　基准检验：不同决策阶段 *TFP* 与 *FC* 的作用

解释变量	(1)		(2)		(3)	
	OFDIdy	*fdiinc*	*OFDIdy*	*fdiinc*	*OFDIdy*	*fdiinc*
l. *TFP*	0.141 *** (0.016)	0.120 *** (0.028)	0.109 *** (0.019)	0.029 (0.060)	0.115 *** (0.019)	0.017 (0.060)
l. *FC*	-0.068 *** (0.016)	-0.071 *** (0.026)	-0.203 *** (0.025)	-0.228 *** (0.055)	-0.199 *** (0.025)	-0.239 *** (0.056)
l. *EXD*			0.531 *** (0.040)	0.739 *** (0.137)	0.532 *** (0.041)	0.775 *** (0.133)
l. *WCF*			-0.008 *** (0.002)	-0.003 (0.005)	-0.008 *** (0.002)	-0.003 (0.004)
l. *WFAS*			-0.007 *** (0.001)	-0.009 *** (0.002)	-0.007 *** (0.001)	-0.009 *** (0.002)
salary			-0.053 * (0.032)	0.043 (0.105)	-0.047 (0.034)	0.073 (0.103)
age	-0.002 (0.0015)		-0.004 ** (0.002)		-0.005 *** (0.002)	

续表

解释变量	(1)		(2)		(3)	
	OFDIdy	fdiinc	OFDIdy	fdiinc	OFDIdy	fdiinc
_cons	−4.098 *** (0.121)	−3.991 *** (0.3211)	−3.670 *** (0.162)	−3.380 *** (0.548)	−4.115 *** (0.196)	−3.163 *** (0.810)
行业效应	否		否		是	
地区效应	否		否		是	
年份效应	否		否		是	
个体效应	否		否		是	
obs	284584		284581		284581	
uncensored obs	295		295		295	
rho	0.990 ** (0.025)		0.947 ** (0.083)		0.950 *** (0.065)	
log likelihood	−2421		−2265		−2244	

注：*、** 和 *** 分别表示在 10%、5% 和 1% 的显著性水平下显著；（）内为稳健标准误，系数及标准误进行了四舍五入。本章以下所有表同。

就控制变量而言，在决定是否进行对外直接投资时，出口企业更可能选择进行对外直接投资，现金流高的企业、固定资产规模较大的企业、年龄较大的企业进行对外直接投资的可能性更小。在选择投资目的地时控制变量中只有企业固定资产规模的估计系数显著为负，表明固定资产规模较大的企业向高收入国家投资的概率小于向低收入国家投资的概率。

基准检验的结果表明当企业已经决定进行对外直接投资后，企业的生产率对企业选择到高收入国家投资还是到低收入国家投资的作用比较有限，虽然从经济意义上讲，生产率更高的企业更可能到高收入国家投资，但是这种差异在统计上缺乏显著性，说明到高收入国家投资并不一定比到低收入国家投资需要更高的生产率。田巍和余森杰（2012）采用浙江省企业对外直接投资数据研究的结果同样是投资目的国与企业生产率之间没有关系。他们认为即使对不同收入国家的对外直接投资具有不同的进入成本，这种成本差异在企业决定具体的投资目的国时已经不是重要的影响因素，但是他们并没有给出成本差异不再重要的原因。本章的研究则说明，当对外直接投资进入到企业的战略选择范围时，企业已经具备了进行最低成本的对外直接投资需要的生产率水平，如果不同的投资目的国之间的进入成本不存在巨大差异，生产率自然不是一个重要的影响因素。如果进入成本存在差异，此时企业的决策取决于成本的大小是否在企业已有的生产率水平承受范围之内。如果较高的成本仍然在企业生产率的承受范围内，那么重要的是企业是否愿意在既定的生产率水平下牺牲部分利润，以换取一个自己更加青睐的目的地，此时融资约束的作用会凸显出来。另一种情形是，不同目的国之间的进入成本确实不存在巨大差异，特别是考虑到贸易促进型对外直接投资在中国企业对外直接投资活动中的重要性时，此时无论生产率还是融资约束的作用都会很小。就本章的研究而言，假设投资高收入国家的成本高于投资低收入国家。从检验结果看，生产率在决策的第二个阶段的作用并不显著，但是融资约束的作用是显著的，融资能力强的企业更可能选择高收入国家进行投资，表明融资约束是投资决策的重要影响因素之一。

整体上看，本部分的实证分析识别了在对外直接投资不同决策阶段融资约束与全要素生产率的作用方式，结果表明生产率与融资约束对于企业是否有能力参与对外直接投资具有重要影响。一旦对外直接投资进入企业的战略选择范围，在既定的生产率水平下，融资约束会进一步对不同成本投资项目的选择产生重要影响。

（二）融资约束影响对外直接投资生产率准入门槛识别与检验

为了进一步检验融资约束对企业进行对外直接投资时的生产率准入门槛的影响，本章将融资约束程度划分为四个区间：FC 取值在 25% 分位数以下的企业为融资约束最弱、融资能力最强的企业，作为基准组；FC 取值在 25% ~ 50% 分位数之间的企业融资约束较弱，融资能力较强，属于这一取值范围的企业用 $FCQ2 = 1$ 表示，否则 $FCQ2 = 0$；FC 取值在 50% ~ 75% 分位数之间的企业融资约束较强，融资能力较弱，属于这一取值范围的企业用 $FCQ3 = 1$ 表示，否则 $FCQ3 = 0$；FC 取值在 75% 分位数以上的企业融资约束最强，融资能力最弱，属于这一取值范围的企业用 $FCQ4 = 1$ 表示，否则 $FCQ4 = 0$。表 5 – 5 第（4）列的检验中包含了三个融资约束虚拟变量与全要素生产率的交互项。结果显示，在决定是否对外直接投资时，全要素生产率的系数为 0.118，融资约束的系数为 – 0.124，分别在 1% 和 5% 的水平下显著。在交互项中只有融资约束最强组的系数为 - 0.042，通过了 10% 的显著性水平检验。在决定向高收入国家还是低收入国家进行投资时，全要素生产率、融资约束以及二者的交互均不显著。初步的检验说明，在对外直接投资决策的第一个阶段，生产率高的企业、融资约束小的企业更可能选择对外直接投资。同时，融资约束最强的企业对外直接投资的生产率准入门槛较低。

表 5 - 5　　　　　基准检验：融资约束对生产率准入门槛的影响

解释变量	（4）		（5）　去除不显著的交互项	
	OFDIdy	*fdiinc*	*OFDIdy*	*fdiinc*
l. *TFP*	0. 118 ***	0. 025	0. 114 ***	- 0. 069
	(0. 020)	(0. 061)	(0. 018)	(0. 126)
l. *FC*	- 0. 124 **	- 0. 075	- 0. 155 ***	- 0. 237 **
	(0. 058)	(0. 130)	(0. 033)	(0. 097)
l. *TFP × FCQ2*	0. 009	- 0. 008	0. 013 **	
	(0. 008)	(0. 019)	(0. 005)	
l. *TFP × FCQ3*	- 0. 007	- 0. 030		
	(0. 013)	(0. 030)		
l. *TFP × FCQ4*	- 0. 042 *	- 0. 076	- 0. 029 **	
	(0. 023)	(0. 049)	(0. 013)	
其他控制变量	是		是	
obs	284581		284581	
uncensored obs	295		295	
rho	0. 937 ***		0. 746	
	(0. 077)		(0. 372)	
log likelihood	- 2236		- 2238	

注：其他控制变量包括企业的固定资产规模、现金流、是否出口、企业年龄和工资水平、行业效应、年份效应、地区效应和个体效应，以及常数项，为节省空间而省略，本章以下所有表同。

由于涉及较多的虚拟变量，交互项之间可能存在共线性问题，影响估计结果的精度，对此本章采用逐步剔除最不显著交互项的检验方法做进一步的估计。这种从一般到特殊的估计方法有助于去除冗余变量的影响，发现关键的影响因素（Hoover & Perez，2004；Herzer，2010）。在第（4）列估计结果的基础上逐步剔除估计系数最不显著的交互项后得到的结果见表 5 – 5 中的第（5）列。从检验结果看在决策的第一阶段，融资约束处于 25% ~ 50% 分位之间时，交互项的系数为 0.013，显著性水平为 5%，表明对于融资约束较轻的企业而言，对外直接投资的生产率准入门槛显著高于融资约束最小的企业。融资约束最强组的交互项系数为 – 0.029，显著性水平为 5%，表明融资约束最强的企业进行对外直接投资时的生产率水平最低。本章认为这正反映了进行最低成本对外直接投资的生产率准入门槛，因为融资约束最强的企业在提升生产率和对外直接投资中都受到较多的限制，最可能选择成本低、生产率准入门槛低的投资活动。融资约束最小企业可以凭借融资上的优势抵销生产率上的劣势，降低进行对外直接投资的生产率准入门槛。融资约束较强的企业（$FCQ3 = 1$）同融资约束最强的企业一样，会通过选择成本较低的项目来降低投资的生产率准入门槛。在对外直接投资决策的第二阶段，融资约束与全要素生产率的交互项都不显著，说明在融资约束程度不同的企业中，选择高收入国家为投资目的国时的生产率准入门槛没有显著差异。这与田巍和余淼杰（2012）的结论是一致的，不过本章的检验中融资约束对企业选择高收入国家作为投资目的地有显著的抑制作用。可见，融资能力是除生产率外影响具体投资项目选择的重要因素之一。

对比表 5 – 5 中第（4）列和第（5）列发现，检验结果的差异主要在于去掉估计系数不显著的交互项后，估计精度提高。总的来说，融资约束对企业对外直接投资生产率准入门槛的影响是非线性的，中国工业企业对外直接投资的最低生产率准入门槛由融资约束最强的企业决定，低于对外直接投资企业的平均生产率准入门槛，融资约束最轻和较强企业的生产率准入门槛居中，融资约束较轻企业的生产率准入门槛最高。因此，企业进行对外直接投资时需要满足由最低成本的投资项目决定的生产率准入门槛，融资约束会提高企业进行对外直接投资的生产率准入门槛。

（三）改变样本结构的稳健性检验

本章借鉴格蕾齐娅等（Guariglia et al.，2011）和张杰等（2013）的做法，按照不同出资人的出资额占实收资本的比重（≥50%），将企业划分为国有企业、集体企业、法人企业、私有企业、港澳台资企业以及外资企业等 6 种类型。首先从总样本中去掉港澳台资企业和外资企业，这两类企业是境内为促进经济发展而引入的，其对外直接投资的动力、目的以及融资条件有别于土生土长的本土企业，从样本中剔除它们可以更好地观察本土企业的对外直接投资情况。表5-6中第（6）列中的估计结果显示剔除港澳台资和外资企业后，在决策的两个阶段全要素生产率和融资约束的估计系数与表5-4第（3）列中的基准检验结果一致。

表5-6   稳健性检验：去掉港澳台资企业和外资企业

解释变量	(6)		(7) 去除不显著交互项	
	OFDIdy	*fdiinc*	*OFDIdy*	*fdiinc*
l. *TFP*	0. 114 *** (0. 021)	0. 020 (0. 054)	0. 110 *** (0. 021)	− 0. 003 (0. 062)
l. *FC*	− 0. 232 *** (0. 028)	− 0. 238 *** (0. 057)	− 0. 230 *** (0. 029)	− 0. 227 *** (0. 070)
l. *TFP* × *FCQ2*			0. 015 *** (0. 006)	
其他控制变量	是		是	
obs	234926		234926	
uncensored obs	257		257	
rho	0. 952 *** (0. 055)		0. 914 *** (0. 091)	
log likelihood	− 1881		− 1877	

去掉系数不显著的交互项后，融资约束对对外直接投资生产率准入门槛的影响主要表现在融资约束较轻的企业中。在对外直接投资的估计结果中融资约束的估计系数为 − 0. 230，在1%水平下显著。融资约束与生产率的交互项系数为0. 015，显著性水平为1%。在 *fdiinc* 的估计结果中融资约束的估计系数为 − 0. 227，系数大小在对应的基准检验结果的置信区间内，但是所有的交互项由于不显著被去掉。与表5-5中基准检验结果的主要差异在于，l. *TFP* × *FCQ4* 的系数不再显著，说明本土企业中融资约束最强的企业进行对

外直接投资时的生产率准入门槛并不比其他企业低，港澳台资企业和外资企业更可能选择低成本的投资项目。这是因为港澳台资企业和外资企业在境内经营的主要动机之一是效率寻求，以境内为基础进行对外直接投资并非这些企业战略的重要组成部分。随着境内的生产成本上升，他们有强烈的动机将在境内的生产转移出去。向经济发展水平更低的国家或者地区投资会降低对生产率水平的要求（Head & Ries，2003；Wakasugi & Tanaka，2009）。因此，港澳台资企业和外资企业的投资动机和区位选择决定了它们在融资约束下更可能选择生产率准入门槛低的对外直接投资项目。

在去掉港澳台资企业和外资企业的基础上，再去掉国有企业，有助于进一步排除由于所有制性质差异导致的融资约束影响差异，估计结果见表5－7。首先，表5－7中第（8）列的结果显示，对外直接投资企业的全要素生产率显著高于非对外直接投资企业，融资约束则显著低于非对外直接投资企业，而且投资高收入国家企业的融资约束低于投资低收入国家的企业，但是前者的生产率不一定显著高于后者，与基准检验的结果是一致的。从融资约束影响生产率准入门槛的检验结果看，表5－7中第（9）列的结果依然显示，融资约束较强企业的融资约束虚拟变量与生产率的交互项在5%水平下显著为正，系数为0.015。在决定投资目的国的检验中所有的交互项均由于不显著而被去掉。此时的样本主体是法人企业、私有企业和集体企业，说明本土企业中融资约束对生产率准入门槛的影响不会由于企业是否为国有企业而发生显著变化。

表5－7　　　　　　　　稳健性检验：去掉国有企业

解释变量	（8）		（9）去除不显著交互项	
	OFDIdy	*fdiinc*	*OFDIdy*	*fdiinc*
l. *TFP*	0.114 *** (0.022)	0.024 (0.059)	0.110 *** (0.022)	−0.001 (0.075)
l. *FC*	−0.234 *** (0.029)	−0.233 *** (0.059)	−0.231 *** (0.030)	−0.218 *** (0.077)
l. *TFP* × *FCQ2*			0.015 ** (0.006)	

续表

解释变量	(8)		(9) 去除不显著交互项	
	OFDIdy	*fdiinc*	*OFDIdy*	*fdiinc*
其他控制变量	是		是	
obs	220871		220871	
uncensored obs	248		248	
rho	0.950 *** (0.062)		0.895 ** (0.125)	
log likelihood	−1810		−1807	

通过基础检验和改变样本结构的稳健性检验，可以看到中国工业企业对外直接投资的一些基本特征。第一，在对外直接投资决策的第一阶段生产率高的企业和融资约束小的企业更可能进行对外直接投资；第二，在决策的第二阶段，企业的生产率是既定的，融资约束低的企业更可能选择高成本的投资项目；第三，融资约束对生产率准入门槛的影响主要发生在决策的第一阶段；第四，融资约束会提高对外直接投资的生产率准入门槛，这种作用主要发生在融资约束水平较轻的企业中，排除港澳台资企业和外资企业的影响后，融资约束对对外直接投资生产率准入门槛的影响呈右偏的倒 U 形；第五，中国企业中对外直接投资的最低生产率准入门槛由融资约束最强的企业决定，这些企业主要是更可能进行低成本对外直接投资的外资企业或者港澳台资企业。简言之，融资约束降低了企业对外直接投资的能力，对对外直接投资生产率准入门槛的影响是非线性的。

三、融资条件变化的估计结果

（一）出口的影响

关于企业出口与融资约束关系的研究有两种基本观点，一种观点认为融资约束抑制了企业出口（Muûls，2008；Feenstra et al.，2011；于洪霞等，2011；吕越，2014），隐含了出口企业融资约束较低的观点。另一种观点认为企业通过出口来缓解融资约束（Campa & Shaver，2002；韩剑和王静，2012），隐含了出口企业融资约束较强的观点。通过出口企业可以扩大收入来源，同时不同市场上的商业周期也有利于企业分散经营风险、确保收入的稳定性。如果企业的出口行为被认为是企业拥有较高生产率和竞争力的一种表现，则可以提高企业从金融机构获得融资的能力。另外，出口企业还可能获得政府和银行等提供的融资支持，也会进一步降低企业的融资约束。表5－8第（10）列的结果显示，融资约束与出口虚拟变量的交互项系数为－0.104，且在1%水平下显著，表明出口企业中融资约束对对外直接投资的负向作用显著增强，使得出口企业在决定是否对外直接投资时对融资能力的要求上升。在决定投资目的国的选择时融资约束与出口的交互项估计系数虽然为负，但是不显著，表明企业是否出口不会显著改变对外直接投资中对目的国的选择。无论出口企业还是非出口企业选择高收入国家进行对外直接投资时对融资能力的要求是基本一样的。

表5-8 稳健性检验：出口的影响

解释变量	(10)		(11) 去掉不显著交互项	
	OFDIdy	*fdiinc*	*OFDIdy*	*fdiinc*
l. *TFP*	0.119 *** (0.019)	0.020 (0.061)	0.124 *** (0.019)	0.022 (0.059)
l. *FC*	－0.271 *** (0.036)	－0.265 *** (0.086)	－0.092 ** (0.044)	－0.177 *** (0.066)
l. *FC × EXP*	－0.104 *** (0.038)	－0.044 (0.091)		
l. *TFP × FCQ3*			－0.040 *** (0.012)	
l. *TFP × FCQ4*			－0.056 *** (0.016)	－0.041 * (0.023)
l. *TFP × FCQ3 × EXP*			0.034 *** (0.012)	
其他控制变量	是		是	
obs	284581		284581	
uncensored obs	295		295	

续表

解释变量	(10)		(11) 去掉不显著交互项	
	OFDIdy	*fdiinc*	*OFDIdy*	*fdiinc*
rho	0.950 *** (0.066)		0.941 *** (0.069)	
log likelihood	− 2241		− 2233	

大量的研究显示出口企业的生产率通常高于非出口企业（李春顶和赵美英，2010；钱学锋等，2011），融资约束与生产率的关系是否会随企业的出口状态发生变化，对此第（11）列报告了出口条件下融资约束影响生产率准入门槛的检验结果。在不包含出口的交互项中，l.$TFP \times FCQ3$ 和 l.$TFP \times FCQ4$ 的估计系数显著为负，说明融资约束较强和最强企业进行对外直接投资的生产率准入门槛显著低于融资约束较轻和最轻的企业。在包含出口的交互项中只有 l.$TFP \times FCQ3 \times EXP$ 的估计系数显著，即为 0.034 且在 1% 水平下显著，表明对于融资约束较强的企业而言，虽然只有降低生产率准入门槛才能进行对外直接投资，但是这类企业中的出口企业其对外直接投资时的生产率水平显著高于非出口企业。对于融资约束最强的企业而言，对外直接投资的生产率准入门槛同样需要降低（l.$TFP \times FCQ4$ 的系数显著为负 − 0.056），但是这类企业中进行出口的企业其对外直接投资的生产率水平不一定高于非出口企业（l.$TFP \times FCQ4 \times EXP$ 由于不显著被去掉）。在融资约束较轻和最轻的企业中，融资约束以及是否出口都不会对对外直接投资的生产率准入门槛产生影响。

对于不同融资约束程度企业中的差异，可以从两个角度予以解释。第一，融资约束较强的企业通过出口缓解融资约束的动机更强，出口带来的收入增长为企业提高生产率提供了资金支持。另外，在出口的过程中企业也可以通过"学习效应"提高生产率（钱学锋等，2011），使得融资约束较强的企业中出口企业对外直接投资时的生产率水平上升。但是融资约束最强的企业进行出口的能力下降，进而失去通过出口促进生产率提升的机会。第二，表 5 - 8 中第（10）列检验结果显示，出口企业对外直接投资时的融资约束要强于非出口企业，意味着出口企业进行对外直接投资时需要更高的生产率，表 5 - 8 中第（11）列的结果则表明这种影响主要发生在融资约束较强的企业中。对于融资约束最轻和较轻的企业而言，出口成本不会给企业带来太大的融资负担，进而不会影响对外直接投资的生产率准入门槛。融资约束最强的企业出口本身受到限制，也难以对对外直接投资形成影响。

在决定是向高收入国家还是低收入国家进行投资时，包含出口虚拟变量的交互项被逐一去掉，表明对于任何融资约束水平的企业而言，是否出口都不会显著影响投资目的国的选择。此外，在融资约束与生产率的交互项中，$l. TFP \times FCQ4$ 的系数显著为负，表明融资约束最强的企业在高收入国家投资时的生产率准入门槛显著下降，因为他们更可能选择成本低的投资项目以便降低对生产率的要求。因此，综合来看，出口的影响主要发生在融资约束较强的企业中，作用的方式为提高对外直接投资的生产率准入门槛。

（二）政府关联的影响

是否建立政治关联可能影响企业的融资条件。在很多低收入国家和转型经济体中，企业通过与政府建立政治关联等非正规机制来克服市场失效（Allen et al.，2005；Faccio，2006）。建立政治关联的企业更容易获得银行贷款（Bai et al.，2006；Claessens et al.，2008）或者获得更多的财政补贴（余明桂等，2010）。张杰等（2012）以企业是否获得政府补贴来衡量企业的政府关联状态，研究表明建立政府关联的民营企业可以从银行获得贷款来支持其研发活动。借鉴张杰等（2012）的做法，如果企业获得了政府补贴，则认为企业建立了政府关联，$SUB = 1$，反之，$SUB = 0$，检验结果见表 5 – 9。

表 5 – 9   政府关联的影响

解释变量	(12)		(13) 去掉不显著交互项	
	OFDIdy	*fdiinc*	*OFDIdy*	*fdiinc*
l. *TFP*	0. 113 *** (0. 019)	0. 014 (0. 060)	0. 109 *** (0. 019)	0. 015 (0. 056)
l. *FC*	– 0. 187 *** (0. 026)	– 0. 2457 *** (0. 071)	– 0. 117 ** (0. 046)	– 0. 094 (0. 091)
l. *FC* × *SUB*	– 0. 049 (0. 045)	– 0. 007 (0. 084)		

续表

解释变量	（12）		（13） 去掉不显著交互项	
	OFDIdy	*fdiinc*	*OFDIdy*	*fdiinc*
l. *TFP* × *FCQ3*			− 0.017 * （0.010）	− 0.037 * （0.020）
l. *TFP* × *FCQ4*			− 0.054 *** （0.018）	− 0.062 ** （0.031）
l. *TFP* × *FCQ2* × *SUB*			0.028 *** （0.008）	
l. *TFP* × *FCQ3* × *SUB*			0.033 *** （0.010）	0.038 * （0.022）
l. *TFP* × *FCQ4* × *SUB*			0.046 ** （0.019）	
其他控制变量	是		是	
obs	284581		284581	
uncensored obs	295		295	
rho	0.946 *** （0.067）		0.931 *** （0.059）	
log likelihood	− 2244		2223	

表 5 – 9 中第（12）列报告了企业获得政府补贴是否改变融资约束对对外直接投资中决策的影响。检验结果显示在融资约束与补贴虚拟变量的交互项系数分别为 − 0.049 和 − 0.007，均不显著，表明在决定是否对外直接投资以及是否向高收入国家投资的过程中获得政府补贴并无法显著降低融资约束带来的抑制作用。

表 5 – 9 中第（13）列报告了融资约束对生产率准入门槛的影响是否会随政府补贴而改变。在 *OFDIdy* 的估计结果中，l. *TFP* × *FCQ3* 的系数为 − 0.017，l. *TFP* × *FCQ3* × *SUB* 的系数为 0.033，显著性水平分别为 10% 和 1%，表明在融资约束较强的企业中，未得到政府补贴的企业对外直接投资的生产率准入门槛要显著低于获得补贴的企业，后者在决策的第一阶段的生产率门槛值为

$0.125 = [0.109 + (-0.017) + 0.033]$。$l.TFP \times FCQ4$ 的系数为 -0.054，$l.TFP \times FCQ4 \times SUB$ 的系数为 0.046，显著性水平分别为 1% 和 5%，同样意味着在融资约束最强的企业中，获得补贴的企业的生产率准入门槛显著高于未获得补贴的企业，门槛值为 0.101。在融资约束较轻的企业中，只有 $l.TFP \times FCQ2 \times SUB$ 的系数在 1% 水平下显著，为 0.028，$l.TFP \times FCQ2$ 的系数由于不显著被去掉，表明如果未获得政府补贴，融资约束较轻企业的对外直接投资生产率准入门槛并不会显著高于融资约束最轻的企业，但是获得补贴的企业生产率准入门槛会显著提高。

在选择低收入国家还是高收入国家的检验结果中，$l.TFP \times FCQ3$ 的系数显著为负，$l.TFP \times FCQ3 \times SUB$ 的系数显著为正，同样表明融资约束较强的企业如果得到政府补贴的支持可以提高选择在高收入国家对外直接投资时的生产率水平，这意味着企业可以优化在高收入国家的活动内容。$l.TFP \times FCQ4$ 的系数虽然为负向显著，但是 $l.TFP \times FCQ4 \times SUB$ 的系数不显著，表明对于融资约束最强企业而言，获得政府补贴没有提高在高收入国家投资时的生产率水平，意味着这类企业无法优化投资项目。

由于表 5 - 9 第（12）列的检验结果表明，政府补贴对于对外直接投资中的融资约束没有显著的作用，因此，表 5 - 9 第（13）列中观察到的对外直接投资生产率准入门槛上升并非源于融资约束程度的变化。对外直接投资对资金的需求较大，政府补贴并不足以显著减轻企业对外直接投资中的融资约束问题，而且投资活动与投资机会相关，企业获得补贴的时间不一定与投资机会正好吻合。所以，政府补贴最可能通过提高生产率的方式促进企业对外直接投资，并优化投资活动，而且这种效应在融资约束较强的企业中最明显。

（三）金融发展水平的影响

企业的融资约束程度与其所处地区的整体金融发展水平相关，在金融发展水平较高的地区企业的融资渠道更多、更畅通，由于规模或者所有制差异等带来的融资不平等也会相应缓解，因此本部分重点检验企业所在地区金融发展水平的影响。为了避免过多的数据挖掘，本部分使用了徐清（2014）计算的我国各省份金融发展指标，从地区金融规模、金融结构和金融效率三个方面衡量企业所在省份的金融发展状况。金融规模指标计算方法为各省份融资总额占各省 GDP 总值的比率。金融结构指标由各省直接融资额占各省份融资总额的比重和债券融资占直接融资的比重两个分项指标构成。金融效率指标由储蓄转化效率指标和资本配置指标两个分项指标构成。本部分将金融规模、金融结构和金融效率指标值大于均值的省份分别归入金融规模较大、金融结构较优和金融效率较高地区，分别使用 $FSCA$、$FSTR$ 和 $FEFF$ 表示。

金融规模的检验结果在表 5 – 10 中报告。表 5 – 10 中第（14）列的结果显示融资约束与金融规模虚拟变量的交互项不显著，表明当企业位于金融规模较大的省份时，融资约束对对外直接投资的抑制作用并不会显著降低。生产率准入门槛变化的检验结果见表 5 – 10 中第（15）列。首先，对于融资约束较轻的企业而言，在 $OFDIdy$ 和 $finnic$ 的估计结果中，l. $TFP \times FCQ2 \times FSCA$ 的系数分别为 0.023 和 0.073，显著性水平均为 1%，这表明如果企业的融资约束较轻，同时位于金融规模较大的省份，对外直接投资的生产率准入门槛整体上会显著高于位于金融规模较小省份的企业。l. $TFP \times FCQ2$ 的系数不显著被去掉，这意味着在融资约束较轻企业中，位于金融规模较大省份的企业拉高了 $OFDI$ 的生产率准入门槛。

表 5 – 10 金融规模的影响

解释变量	（14）		（15）去掉不显著交互项	
	$OFDIdy$	$fdiinc$	$OFDIdy$	$fdiinc$
l. TFP	0.115 *** (0.019)	0.024 (0.057)	0.129 *** (0.020)	− 0.091 (0.167)
l. FC	− 0.179 *** (0.026)	− 0.177 ** (0.071)	− 0.128 *** (0.048)	0.283 ** (0.119)
l. $FC \times FSCA$	− 0.043 (0.034)	− 0.101 (0.079)		
l. $TFP \times FCQ3$			− 0.029 ** (0.012)	
l. $TFP \times FCQ4$			− 0.059 *** (0.021)	
l. $TFP \times FCQ2 \times FSCA$			0.023 *** (0.008)	0.073 ** (0.032)
l. $TFP \times FCQ3 \times FSCA$			0.044 *** (0.010)	0.048 * (0.028)

续表

解释变量	（14）		（15）去掉不显著交互项	
	OFDIdy	*fdiinc*	*OFDIdy*	*fdiinc*
l. $TFP \times FCQ4 \times FSCA$			0.040 * （0.023）	
其他控制变量	是		是	
obs	284581		284581	
uncensored obs	295		295	
rho	0.952 *** （0.062）		−0.636 （0.637）	
log likelihood	−2244		2220	

在融资约束较强的企业中，l. $TFP \times FCQ3 \times FSCA$ 的系数分别为 0.044 和 0.048，显著性水平分别为 1% 和 10%。l. $TFP \times FCQ3$ 的系数只在 *OFDIdy* 的估计中显著为负 （−0.029）。这意味着融资约束较强的企业如果位于金融规模较大的省份可以提高其对外直接投资的生产率准入门槛，向高收入国家投资时的生产率水平提高则意味着更可能选择优化的投资项目。

在融资约束最强的企业中，l. $TFP \times FCQ4 \times FSCA$ 和 l. $TFP \times FCQ4$ 的系数分别为 0.040 和 −0.059，显著性水平分别为 10% 和 1%。这表明融资约束最强的企业如果位于金融规模较大的省份可以提高对外直接投资决策第一阶段的生产率准入门槛，但是并不会显著提高向高收入国家投资时的生产率水平。

整体上看，对外直接投资生产率准入门槛最高的依然是融资约束较轻的企业，门槛最低的依然是融资约束最强的企业，金融规模扩大总体上提高了对外直接投资生产率准入门槛。表 5 - 10 中第 （14） 列检验结果表明金融规模扩大对于对外直接投资过程中的融资约束程度没有显著影响，因此，与政府补贴相似，金融规模扩大主要是通过提高企业生产率的方式间接促进对外直接投资。

表 5 - 11 报告了企业所处省份金融结构对对外直接投资的影响。首先，表 5 - 11 第 （16） 列中融资约束与金融结构虚拟变量的交互项系数分别为 −0.042 （不显著） 和 0.202 （10% 水平下显著），表明企业位于金融结构更

优地区有助于缓解向高收入国家投资时面临的融资约束，提高选择高收入国家作为目的地的概率。就对外直接投资生产率准入门槛的变化而言，估计结果与基准检验结果一致，所以包含金融结构虚拟变量的交互项都不显著被去掉，表明对于不同融资约束程度的企业而言，金融结构优化对对外直接投资的生产率准入门槛没有显著影响。本书认为虽然金融结构较优可以拓宽融资渠道，但是本研究中的样本企业多数并非上市企业，直接融资能力较弱，因此，整体上看金融结构较优对对外直接投资融资以及生产率准入门槛的影响并不显著。

表 5 – 11　　　　　　　　　　　　金融结构的影响

解释变量	（16）		（17）去掉不显著交互项	
	$OFDIdy$	$fdiinc$	$OFDIdy$	$fdiinc$
l. TFP	0. 115 *** (0. 019)	0. 033 (0. 049)	0. 114 *** (0. 018)	− 0. 069 (0. 126)
l. FC	− 0. 207 *** (0. 027)	− 0. 266 *** (0. 057)	− 0. 155 *** (0. 033)	− 0. 237 ** (0. 097)
l. $FC \times FSTR$	− 0. 042 (0. 045)	0. 202 * (0. 114)		
l. $TFP \times FCQ2 \times FSTR$			0. 013 ** (0. 005)	
l. $TFP \times FCQ3 \times FSTR$			− 0. 029 ** (0. 013)	
其他控制变量	是		是	
obs	284581		284581	
uncensored obs	295		295	
rho	0. 962 *** (0. 047)		0. 746 (0. 372)	
log likelihood	− 2243		2232	

关于金融效率的检验结果见表 5 – 12。首先，在表 5 – 12 中第（18）列的估计结果中融资约束与金融效率交互项的估计系数分别为 − 0. 058 和 − 0. 214，

显著性水平分别为10%和5%，表明位于金融效率较高省份的企业在决定是否进行对外直接投资，以及是否选择高收入国家时，融资约束都会增强，降低投资活动发生的概率。

表 5 - 12　　　　　　　　　金融效率的影响

解释变量	(18)		(19) 去掉不显著交互项	
	OFDIdy	fdiinc	OFDIdy	fdiinc
l. TFP	0.115 *** (0.019)	0.029 (0.051)	0.112 *** (0.019)	− 0.011 (0.094)
l. FC	− 0.168 *** (0.028)	− 0.094 (0.086)	− 0.196 *** (0.038)	− 0.302 *** (0.079)
l. FC × FEFF	− 0.058 * (0.033)	− 0.214 ** (0.109)		
l. TFP × FCQ1			− 0.057 *** (0.021)	
l. TFP × FCQ2 × FEFF			0.032 *** (0.007)	0.047 *** (0.015)
l. TFP × FCQ3 × FEFF			0.022 *** (0.008)	0.052 ** (0.023)
l. TFP × FCQ4 × FEFF			0.058 ** (0.028)	
其他控制变量	是		是	
obs	284581		284581	
uncensored obs	295		295	
rho	0.949 *** (0.059)		0.914 * (0.153)	
log likelihood	− 2241		2221	

生产率准入门槛变化的检验结果报告在表 5 - 12 第（19）列中。在融资约束较轻的企业中，l. $TFP \times FCQ2 \times FEFF$ 的系数分别为 0.032 和 0.047，均在 1% 水平下显著。类似地，在融资约束较强的企业中，l. $TFP \times FCQ3 \times$

FEFF 的系数分别为 0.022 和 0.052，显著性水平分别为 1% 和 5%。但是 l.*TFP*×*FCQ*2 和 l.*TFP*×*FCQ*3 的系数都不显著被去掉，这表明融资约束较轻和较强的企业如果位于金融效率较高的省份，则对外直接投资的生产率门槛会显著提高，如果位于金融效率较低的省份，则生产率准入门槛与融资约束最轻企业的没有显著差异。

在融资约束最强的企业中，l.*TFP*×*FCQ*4 的系数为 −0.057，显著性水平为 1%，l.*TFP*×*FCQ*4×*FEFF* 只在 *OFDIdy* 的估计结果中显著为正（系数为 0.058 且在 5% 水平下显著），意味着融资约束最强的企业如果位于金融效率较低的省份，则生产率准入门槛显著低于融资约束较轻的企业，如果位于金融效率较高的省份，则生产率准入门槛会上升，门槛值为 0.113 = [0.112 + (−0.057) + 0.059]。

对外直接投资生产率准入门槛最高的是融资约束水平居中，并位于金融效率较高省份的企业。表 5−12 中第（18）列的检验结果表明金融效率提高不但没有缓解对外直接投资中的融资约束，反而增强了对融资能力的要求。金融效率指标由储蓄转化效率指标和资本配置指标两个分项指标构成。其中储蓄转化效率提升有利于企业获得更多的融资，进而促进生产率提升。资本配置指标反映私人部门获得信贷的情况，通过国有企业的利息支出占全部工业企业利息支出的比例倒推得到。利息支出增加意味着企业的负债融资增加，未来继续为对外直接投资进行负债融资的能力减弱。企业提高生产率的活动受到融资约束的制约（何光辉和杨咸月，2012；Chen & Guariglia，2013），负债融资多的企业更有能力进行提高生产率的活动。因此，考虑到金融效率指标的构造方式，金融效率提升更有利于企业提高生产率，从而提高对外直接投资企业的生产率水平。

总的来看，理论假说 3.4 没有得到验证。出口、政府关联和金融发展这些因素并未缓解企业对外直接投资中的融资约束，进而无法降低对外直接投资的生产率准入门槛。

第三节　本章小结

本章在布赫等（Buch et al.，2010）模型的基础上，将对外直接投资项目的成本差异引入异质性企业对外直接投资的决策中，研究了融资约束对对外直接投资生产率准入门槛的影响，以中国工业企业为样本进行实证检验，主要发现和结论有以下方面。

首先，融资约束对对外直接投资生产率准入门槛的影响是非线性的。具体而言，融资约束较轻的企业进行对外直接投资时的生产率准入门槛最高。除港澳台资企业和外资企业外，中国企业对外直接投资的生产率准入门槛呈倒 U 形。港澳台资企业和外资企业最可能进行低成本的对外直接投资，其对外直接投资的生产率准入门槛也最低。需要注意的是，造成倒 U 形曲线两端企业生产率准入门槛较低的原因不同。对于融资约束最轻的企业而言，可以凭借较强的融资能力弥补生产率上的不足，降低对外直接投资的生产率准入门槛，倒 U 形曲线另一端融资约束较强的企业则是通过选择低成本的投资项目来克服自身在生产率上的不足。考虑出口、政府补贴和金融发展水平的影响后，依然存在相似的倒 U 形结构。

其次，出口、政府补贴、金融发展并未缓解企业对外直接投资过程中的融资约束，进而无法降低对外直接投资的生产率准入门槛，但是这些要素可以促进企业从事提高生产率的活动。因此，那些出口、具有政府关联或者位于金融发展水平较高省份的对外直接投资企业的生产率水平更高。具体而言，融资约束较强的出口企业进行对外直接投资的生产率准入门槛更高，政府关联以及金融规模扩大和金融效率提高使不同融资约束水平企业对外直接投资的生产率准入门槛均显著提高，金融结构优化则有利于降低融资约束较强企业的对外直接投资生产率准入门槛，提高融资约束较轻企业的生产率准入门槛。

由于成本差异和融资约束的影响，生产率高的企业不一定选择对外直接投资，相反生产率较低的企业可以通过选择成本低的项目实现"走出去"。成本低的项目往往是劳动密集型产业，投资目的国则是发展水平比母国更低的发展中国家。如果企业期望通过向高收入国家投资获取战略性资产、促进技术进步、提高自身在全球价值链中的地位和话语权，融资约束会成为重大的阻碍。缓解融资约束不但有助于企业"走出去"，而且可以促进企业选择更优的投资项目，提高"走出去"的质量。对政府而言，一方面，不断完善对外直接投资的融资政策，特别是对融资约束较强的本土企业加大融资支持；另一方面，也是更重要的，金融体系的完善以及政府补贴等应更多地着眼于促进企业提高生产率，夯实企业"走出去"的基础。

第六章

融资约束对企业对外直接投资区位选择的影响

第一节　计量模型设定与变量

一、模型设定

本章从东道国的角度考察融资约束下，企业对外直接投资的区位选择决策。为此，将从扩展边际和集约边际两个角度实证检验东道国金融自由化对中国企业跨国并购决策的影响。布赫等（Buch et al.，2014）从企业层面将是否进行对外直接投资定义为扩展边际，集约边际则是指境外子公司的销售规模。比尔等（Bilir et al.，2017）进一步将跨国企业境外子公司销售规模细分为在东道国当地的销售规模、出口至第三方市场的规模以及返销美国的规模。德博尔德和魏（Desbordes & Wei，2017）从行业层面划分对外直接投资的二元边际。其中，集约边际指年度行业对外直接投资项目的平均金额。扩展边际使用了两种测度方式：一是以对外直接投资项目数为扩展边际；二是以对外直接投资金额为标准，构建一个金额大于 0 时扩展边际取值为 1 的二值选择变量作为扩展边际。

（一）扩展边际的计量模型

本章借鉴德博尔德和魏（Desbordes & Wei，2017）的做法，以被并购方国家或者地区为标准，将中国 A 股上市企业年度跨国并购数据进行加总，构建跨国并购的扩展边际，形成两个相互关联的指标。第一，当某年中国企业在某东道国具有至少一次并购交易时，扩展边际取值为 1，用 $If\_OFDI = 1$ 表示，否则，$If\_OFDI = 0$。第二，以某年中国企业在某东道国并购交易的总次数作为扩展边际，用 $Number\_OFDI$ 表示。据此，本章设定如下计量模型：

$$OFDI_{jt}^{s} = \alpha + \beta FF_{jt} + \Gamma X_{jt} + \varphi_{t} + \varphi_{j} + \varepsilon_{jt} \tag{6.1}$$

其中，t 为年份，j 为东道国，s 为 If_OFDI 或者 $Number\_OFDI$。FF 表示东道国的金融自由化水平，系数 β 的符号和大小反映东道国金融自由化程度对中国企业对外直接投资的影响方向和大小。X 为控制变量，Γ 为控制变量的系数，φ_{t}、φ_{j} 和 ε_{jt} 分别为年份固定效应、东道国国家固定效应和随机扰动项。

（二）集约边际的计量模型

借鉴德博尔德和魏（Desbordes & Wei，2017）的做法，本章采用国家层面加总的投资规模来衡量跨国并购的集约边际，包含并购交易的平均规模（mean value）和总规模（gross value）。由于个别并购交易的金额或者交易币种缺失，在计算平均规模和总规模时不包含这些数据缺失的并购交易。金融自由化或者资本管制对企业的影响是有差异的，那些更容易从金融自由化中受益的企业，或者更有能力规避资本管制不利影响的企业，更可能进行跨国并购或者增加并购规模。而且，由于并购交易的成本较高、风险较大，企业在融资约束等因素的制约下可能放弃并购或者使并购交易偏离最优规模（Buch et al.，2014；薛新红等，2017），使得跨国并购交易存在"自我选择"的现象，导致样本选择偏误。为避免样本的选择性偏误对估计结果的干扰，集约边际的估计选择 Heckman 两阶段模型，具体设定如下：

$$\Pr(OFDI_{jt} = 1) = \phi(\beta FF_{jt} + \Gamma X_{jt} + \varphi_{t} + \varphi_{j} + \varepsilon_{jt}) \tag{6.2}$$

$$OFDIValue_{jt}^{z} = \delta FF_{jt} + \Gamma X'_{jt} + \varphi_{t} + \varphi_{j} + \lambda_{jt} + \mu_{jt} \tag{6.3}$$

其中，$OFDI_{jt}$表示t年中国企业在国家j是否有至少一次并购交易，$OFDIValue_{jt}$表示在t年中国企业在国家j进行的并购交易的集约边际。z表示集约边际的类型，包含并购交易的平均规模和总规模（mean value and gross value）。X'为模型（6.3）的控制变量。Heckman 两阶段模型要求模型（6.2）中至少有一个解释变量不出现在模型（6.3）中。双边距离会影响母公司管理和监督子公司的成本，但是一旦投资区位确定，双边距离造成的投资成本便确定下来，随投资规模而变化的程度很小。因此，本章在模型（6.3）中去掉了双边距离这个控制变量。逆米尔斯比率λ_{jt}由选择模型（6.2）估计得到，进入模型（6.3）的估计，来克服样本选择性偏误。如果λ_{jt}的估计结果显著不为0，表明存在样本选择偏误，使用 Heckman 两阶段估计方法进行修正是恰当有效的，反之，则不存在样本选择偏误。μ_{jt}为模型（6.3）的随机扰动项，其他符号与模型（6.1）中相同符号的含义一致。

（三）识别融资效应的计量模型

扩展边际和集约边际的检验中，系数β的估计结果为正向显著时，证明金融自由化促进了跨国企业在东道国的并购交易。但是这种促进作用既可能源于金融自由化带来的融资效应，也可能源于伴随金融自由化而发生的其他经济制度和法律法规的改革，这些因素有时不可观测，在控制变量中也难以穷尽。因此，有必要进一步识别金融自由化的融资效应。

借鉴曼诺娃（Manova，2013）和比尔等（Bilir et al.，2017）的做法，本章通过行业外部融资依赖度来检验金融自由化的融资效应。大量的实证研究证明在外部融资依赖度较高的行业中，企业对外部融资条件的变化更加敏感，融资条件改善对这些行业中的企业的出口和对外直接投资活动会产生更显著的促进作用（Manova，2013；Desbordes & Wei，2017；Bilir et al.，2017）。如果东道国较高的金融自由化水平可以降低融资成本，并吸引中国企业进行跨国并购，那么这些积极作用在外部融资依赖度高的行业中会更显著。据此，设定如下的计量模型：

$$OFDI^k_{ijt} = \alpha + \beta FF_{jt} + \gamma FF_{jt} \times FD_i + \Gamma X_{jt} + \varphi_t + \varphi_j + \varepsilon_{jt} \qquad (6.4)$$

其中，i表示行业，j表示东道国，t表示年份，k表示跨国并购的二元边际，包括扩展边际和集约边际。FD为行业外部融资依赖度，由资本支出中未使用营运产生的现金流的部分衡量，比重越高意味着行业外部融资依赖度越高

（Manova，2013）。金融自由化与行业外部融资依赖度的交互项的系数 γ 是关注的重点。当 γ 显著为正时，表明行业的外部融资依赖度越高，东道国金融自由化对该行业的跨国并购的促进作用越大。其他符号与模型（6.1）中相同符号的含义一致。

前文的理论分析表明，一国的经济基础和制度质量是金融自由化发挥积极效应的重要条件。据此，本章设定了如下计量模型，进一步识别东道国其他政治经济因素对融资效应的影响。

$$OFDI_{ijt}^k = \alpha + \beta FF_{jt} + \gamma FF_{jt} \times FD_i + \xi FF_{jt} \times U_{jt} + \delta FF_{jt} \times FD_i \times U_{jt} + \Gamma X_{jt} + \varphi_t + \varphi_j + \varepsilon_{jt}$$

$$(6.5)$$

其中，U_{jt} 为重点考察的东道国其他因素，包括法治水平（law）、腐败控制力度（$corruption$）、政府效率（$governeff$）、经济开放度（OP）和信贷规模（$credit$）五个分项指标。当东道国的法治水平在所有国家中位于75%分位数以上时，law 取值为1，反之，取值为0。其他四个指标以相同的方式构建，其中经济开放度以东道国年度进出口总额占该国 GDP 的比重衡量，信贷规模则以年度私人部门获得的信贷占 GDP 的比重衡量。东道国的法治水平、腐败控制力度和政府效率来自全球治理指标（WGI）。以法治水平为例，当系数 ξ 为正向显著时，表明在法治水平较高的东道国，金融自由化更能促进中国企业在该国进行并购。当系数 δ 为正向显著时，说明在法治水平较高的东道国，金融自由化产生的融资效应比在法治水平较低的东道国更显著，外部融资依赖度较高的行业的更可能进行跨国并购，或者扩大并购规模。其他符号与模型（6.4）中相同符号的含义一致。

二、数据来源

本书中 A 股上市企业及其跨国并购数据分别来自国泰安经济金融数据库（CSMAR）和清科数据库。东道国数据来源于世界银行世界发展指数（WDI）、全球治理指标（WGI）、全球金融发展（WFD）数据库。跨国并购样本选择了 2008～2015 年交易状态为已完成的并购交易，剔除东道国不详和投资目的地为中国香港和澳门地区、新加坡、英属维京群岛、开曼群岛等"避税天堂"的样本，以及投资于中国台湾地区的样本。"避税天堂"往往只是资金的中转站，资金会进一步流向其他投资目的地，或者逆向流回境内。

这类投资的目的与其他旨在东道国开展经营活动的投资有着很大差异。中国大陆与中国台湾之间关系特殊，相比与世界其他国家的经贸往来，中国大陆与中国台湾之间贸易和投资活动受到特殊因素的影响。从总样本中剔除这些特殊样本可以避免计量模型中无法控制的特殊因素对估计结果的干扰。样本筛选的另一特点是并购企业仅选择 A 股上市企业，优点在于可以削弱企业在母国融资时面临的融资约束差异。本书关注的是东道国的金融自由化对跨国并购的影响，但是母国的金融发展同样也会影响企业的并购决策（Desbordes & Wei，2017），而且不同企业由于规模、公司治理、所有制性质、年龄等因素也会存在融资能力差异。企业上市需要满足一定的条件，使得不同企业之间具有更多的相似之处，融资能力方面的差异也小于上市企业与非上市企业之间的差异，可以淡化来自母国因素的影响。

三、变量选择与指标构建

（一）东道国金融自由化（FF）

本章所使用的金融自由化指标是金和伊藤（Chinn & Ito，2008）构建，2015 年更新后的 KAOPEN 指数。该指标的构建基于国际货币基金组织（IMF）发布的《汇率安排与汇兑限制年报》，年报中公布了世界各国（地区）对跨境金融交易的限制情况，包括四个方面：是否实施多重汇率、是否实施经常账户管制、是否实施资本账户管制以及是否要求上缴出口收入。这四个分项指标均为二值虚拟变量，分项指标为 0 时表明不存在管制。对分项指标"是否实施资本账户管制"进行五年期均值处理后，金和伊藤（Chinn & Ito，2008）以四个分项指标的第一主成分作为 KAOPEN 指数，取值越大表明金融自由化程度越高。他们在指标构建过程中充分考虑了资本管制的多种形式和不同程度，并不断进行更新，使得 KAOPEN 指数能够反映较长时间段内全球绝大多数国家金融自由化的广度和深入，便于在实证研究中保留尽可能多的样本。

图 6 - 1（a）给出了中国 A 股上市企业在各个东道国年度并购交易的数量（纵坐标）与东道国金融自由化（横坐标）的散点图。可以看出随着金融自由化程度的提高，中国企业进行的并购交易数量不断上升，并购次数最多的点都出现在金融自由化程度很高的国家。图 6 - 1（b）为中国 A 股上市企

业年度并购交易的平均规模（纵坐标）与东道国金融自由化（横坐标）的散
点图。可以看出，在不同金融自由化水平的东道国中国企业并购交易的年度
平均金额均有多有少，在个别金融自由化水平很高的国家年度投资平均规模
非常大。

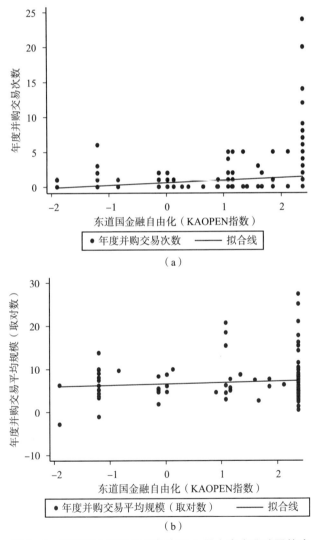

（a）

（b）

图6-1 东道国金融自由化与中国A股上市企业跨国并购

（二）控制变量

市场寻求是企业对外直接投资的重要动机之一，本章采用东道国的 2005 年美元不变价 GDP 水平来反映其市场规模。效率寻求是企业进行对外直接投资的另一重要影响因素，本章采用东道国的人均 GDP 增长率（$GDPPG$）来控制东道国的人力成本变化（Bilir et al.，2017）。通货膨胀水平反映了一国的宏观经济状况，过高的通胀率会导致资产价值缩水，抑制资本流入（刘莉亚等，2013）。因此，本章将东道国的通货膨胀水平（Inf）作为控制变量之一。东道国的经济开放度（OP）是另一重要的控制变量，采用东道国的进出口总额占该国 GDP 的比例衡量，这是因为贸易与对外直接投资有时存在互补性。例如，安特拉斯和卡巴列罗（Antràs & Caballero，2009）认为在金融发展较为落后的发展中国家，贸易一体化可以促进国际资本的流入。金和伊藤（Chinn & Ito，2006）则认为跨境商品交易自由化是资本账户自由化的前提。企业在东道国进行跨国并购的最终目标是实现利润最大化，因此，本章在控制变量中进一步加入了东道国的利率水平（$IntR$）和企业利润税率（Tax），两者都会影响企业在东道国经营活动的实际利润水平。最后，本章控制了东道国与中国的双边距离（Dis）。

第二节　实证结果与分析

一、扩展边际的检验

表 6 - 1 报告了东道国金融自由化对中国企业跨国并购扩展边际的影响。其中，第 1 ~ 4 列的被解释变量为 If_OFDI，第 5 ~ 6 列的被解释变量为 $Number\_OFDI$。根据金融自由化和其他控制变量数据的可得性，第 1 列的检验样本中包含了全球 126 个国家。从检验结果看，金融自由化（FF）的系数为 0.464，通过了 1% 显著性水平的检验，表明在金融自由化水平高的东道国，中国企业进行跨国并购的概率更高。如果 2008 ~ 2015 年八年间中国企业在某一东道国没有完成任何并购交易，则将这个国家从总样本中剔除，形成一个

仅包含部分东道国的小样本。第2列报告了小样本的检验结果，其中金融自由化的估计系数为0.652，在1%水平下显著，这表明即使这些国家都曾吸引中国企业进行跨国并购，金融自由化程度差异仍然是影响并购概率的重要因素。

表6—1　　　　　　　　　　　扩展边际的检验

解释变量	If_OFDI				Number_OFDI	
	第1列 全部国家	第2列 部分国家	第3列 全部国家	第4列 部分国家	第5列 全部国家	第6列 分国家
FF	0.464 *** (0.003)	0.652 *** (0.143)	0.422 *** (0.156)	0.685 *** (0.153)	0.201 (0.126)	0.347 *** (0.129)
OP	0.006 * (0.064)	0.001 (0.003)	0.006 * (0.003)	0.001 (0.003)	0.007 *** (0.002)	0.002 (0.002)
GDP	1.240 *** (0.148)	0.757 *** (0.143)	1.042 *** (0.167)	0.590 *** (0.136)	0.929 *** (0.122)	0.492 *** (0.134)
GDPPG	−0.004 (0.052)	−0.027 (0.058)	−0.004 (0.059)	−0.0001 (0.065)	0.026 (0.046)	0.039 (0.047)
Inf	−0.003 (0.038)	0.039 (0.042)	0.036 (0.032)	0.054 (0.038)	0.001 (0.031)	0.001 (0.035)
IntR	−0.013 (0.043)	0.032 (0.025)	0.038 (0.046)	0.042 ** (0.020)	0.011 (0.023)	0.017 (0.019)
Tax	−0.013 (0.012)	−0.017 (0.014)	0.001 (0.011)	−0.002 (0.012)	−0.007 (0.010)	−0.004 (0.011)
Dis	0.340 (0.393)	0.255 (0.381)	0.232 (0.407)	0.229 (0.272)	0.189 (0.213)	0.238 (0.188)
Credit			0.010 ** (0.004)	0.007 * (0.004)	0.005 (0.004)	0.006 (0.004)
_cons	−39.4 *** (6.348)	−25.7 *** (5.192)	−35.3 *** (6.809)	−22.8 *** (4.683)	−29.9 *** (3.679)	−18.5 *** (3.605)

续表

解释变量	If_OFDI				Number_OFDI	
	第1列 全部国家	第2列 部分国家	第3列 全部国家	第4列 部分国家	第5列 全部国家	第6列 分国家
年份和国家 固定效应	YES	YES	YES	YES	YES	YES
obs	822	222	761	205	761	205
Pseudo R²	0.52	0.29	0.51	0.29	0.37	0.21
alpha					0.664 *** (0.286)	0.521 *** (0.234)

注：第1列至第4列为 Logit 模型回归结果，小括号内为稳健标准误；第5列和第6列为负二项回归结果，小括号内为标准误；* 、** 和 *** 分别表示显著性水平为10%、5%和1%。

东道国的信贷规模同样会改变当地的融资成本，是影响跨国企业对其进行直接投资的重要因素（Desbordes & Wei，2017；Bilir et al.，2017）。本章在表6-1第3列和第4列的检验中增加了东道国信贷规模作为控制变量，金融自由化的估计系数分别为0.422和0.685，显著性水平均为1%，与第1列和第2列的结果一致。这说明控制了信贷规模对融资成本的影响后，东道国较高的金融自由化水平对中国企业跨国并购扩展边际的促进作用并未减弱。

如果东道国较高的金融自由化水平可以提高中国企业跨国并购的概率，那么投资数量也应该相应增多。已有研究也表明随着东道国融资条件的改善和融资约束的放松，企业对外直接投资的生产率门槛会下降，更多的企业可以进行对外直接投资（Buch et al.，2014；王忠诚等，2018）。因此，本章进一步以中国企业在东道国的年度跨国并购数量作为扩展边际进行了检验，结果见表6-1中第5列和第6列。在大多数东道国和年份中中国企业的跨境并购数量都为0。即使是在仅包含部分东道国的小样本范围内，样本也呈现出"过度分散"的特征，并购数量的均值为0.92，标准差为2.277。根据这一数据特征本文采用了负二项回归。从检验结果看，alpha 的显著性水平为1%，表明使用负二项回归优于标准泊松回归。在第5列中金融自由化的估计系数为正，但是不显著。在第6列中金融自由化的系数显著为正。整体上看，对年度跨国并购数量的检验结果表明，东道国的金融自由化可以增加中国企业的并购交易数量。

二、集约边际的检验

表6-2报告了集约边际的估计结果，与扩展边际的检验相同，使用了包含全部国家的大样本和仅包含部分东道国的小样本。其中，第1列和第3列为模型（6.2）的估计结果，第2列和第4列为模型（6.3）的估计结果。可以看到，无论样本范围大小，在模型（6.3）的估计结果中金融自由化的系数都为正，但是没有通过显著性检验，表明金融自由化对平均规模（mean value）的影响不明显，在金融自由化水平较高的东道国，中国企业跨国并购的平均规模并未显著扩大。由于 Heckman 两阶段检验中 rho 未通过显著性检验，表明无须使用 Heckman 两阶段模型对样本选择偏误进行矫正。因此，在表6-2中第3列中本章使用有并购交易发生的样本，采用最小二乘法（OLS）进行了估计。结果同样显示，金融自由化对跨国并购的平均规模的影响虽然未正，但是不显著。

表6-2   集约边际的检验

解释变量	平均规模					总规模
	全部国家（Heckman）		部分国家（Heckman）		OLS	OLS
	第1列	第2列	第3列	第4列	第5列	第6列
FF	0.216 *** (0.085)	0.262 (0.479)	0.354 *** (0.116)	0.210 (0.486)	0.200 (0.480)	2.084 (1.717)
_cons	-18.6 *** (3.734)	0.405 *** (15.57)	-13.2 *** (3.697)	-0.396 (12.20)	-11.8 (9.161)	-214.4 *** (68.11)
控制变量	年份和东道国国家固定效应、OP、GDP、$GDPPG$、Inf、$IntR$、Tax、Dis、$Credit$					
obs	757		201		63	63
R^2					0.42	0.43
rho	-0.151 (0.377)		-0.191 (0.314)			

注：小括号内为稳健标准误；* 、** 和 *** 分别表示显著性水平为10%、5%和1%；为节省空间其他控制变量估计结果省略。

表6－2中第6列中以年度跨国并购的总规模（gross value）作为被解释变量，采用OLS估计得到的结果显示，金融自由化的系数为2.084，未通过显著性检验。不同大小的样本和不同估计方法得到的检验结果一致表明，在集约边际上东道国金融自由化对中国企业跨国并购的积极作用非常有限。

三、金融自由化的融资效应

根据方程（6.4）的计量模型，本章对东道国金融自由化的融资效应进行了初步检验，结果见表6－3。第1列以年度中国某一行业是否在东道国进行至少一次并购交易（If_OFDI）作为被解释变量，第2列以年度行业并购交易总次数（Number_OFDI）作为被解释变量，检验在中国企业跨国并购的扩展边际上，东道国金融自由化是否具有融资效应，估计方法分别为Probit回归和负二项回归。可以看到，金融自由化与行业外部融资依赖度的交互项（$FF \times FD$）的系数分别为0.008和0.009，而且都在1%水平下显著。这表明较高的金融自由化水平对外部融资依赖度高的行业的跨国并购具有显著的促进作用，中国企业跨国并购的概率和次数都会显著增加。由于外部融资依赖度高的行业对融资成本的反应更加敏感，第1列和第2列的检验结果证明，东道国金融自由化具有融资效应。

表6－3　　　　　　　　　　融资效应的检验

解释变量	If_OFDI	Number_OFDI	平均规模		总规模	
	第1列	第2列	第3列	第4列	第5列	第6列
FF	0.373 *** (0.135)	0.339 ** (0.147)	0.133 *** (0.050)	-0.429 (0.459)	0.142 *** (0.049)	-0.464 (0.397)
$FF \times FD$	0.008 *** (0.002)	0.009 *** (0.001)	0.003 *** (0.001)	0.005 (0.028)	0.003 *** (0.001)	0.065 (0.061)
_cons	-25.4 *** (3.513)	-24.7 *** (4.234)	-10.5 *** (1.312)	-29.2 * (15.66)	-10.2 *** (1.333)	7.696 (9.062)
控制变量	年份和东道国国家固定效应、OP、GDP、GDPPG、Inf、IntR、Tax、Dis、Credit					
obs	13568	13568	13552		13552	
Pseudo R^2	0.17	0.13				

控制变量	年份和东道国国家固定效应、*OP*、*GDP*、*GDPPG*、*Inf*、*IntR*、*Tax*、*Dis*、*Credit*		
alpha	6. 168 *** (2. 383)		
rho		− 0. 897 *** (0. 083)	− 0. 552 *** (0. 094)

注：第 1 列为 Logit 模型回归结果，小括号内为稳健标准误；第 2 列为负二项回归结果，小括号内为标准误；第 3 列至第 6 列为 Heckman 两阶段模型回归结果，小括号内为称健标准误；＊、＊＊ 和 ＊＊＊ 分别表示显著性水平为 10%、5% 和 1%。

第 3 ~ 6 列采用 Heckman 两阶段法，从中国企业跨国并购的集约边际角度检验东道国金融自由化的融资效应。其中，第 4 列和第 6 列的被解释变量分别为年度行业跨国并购的平均规模和总规模。集约边际的检验结果显示，金融自由化与行业外部融资依赖度的交互项（*FF × FD*）的估计系数虽然为正，但是都不显著，表明在跨国并购的集约边际上，东道国金融自由化没有产生显著的融资效应。rho 在 1% 水平下显著，表明此处使用 Heckman 两阶段法对样本选择偏误进行纠正是恰当的。整体而言，基于行业外部融资依赖度的检验表明东道国金融自由化的融资效应只在跨国并购的扩展边际上发挥作用，提高企业进行跨国并购的概率和次数，对并购规模的影响非常有限。

以计量模型（6.5）为基础进行的检验结果报告在表 6 - 4 中。首先来看跨国并购的扩展边际 *If_OFDI* 的检验结果。第 1 列中东道国的法治水平（*law*）与金融自由化的交互项的估计系数为 0.122，但是不显著，表明在法治水平较高的东道国，金融自由化没有显著提高中国企业跨国并购的概率。金融自由化、行业外部融资依赖度和法治水平三者的交互项的系数为 0.009，在 10% 水平下显著，表明相比法治水平较低的东道国，在法治水平较高的东道国，金融自由化具有更强的融资效应，更可能提高外部融资依赖度较高的行业中的企业进行跨国并购的概率。第 2 列检验东道国腐败控制力度（*corruption*）的影响。金融自由化与腐败控制力度的交互项的估计系数为 0.282，显著性水平为 10%，说明随着腐败控制力度的提高，金融自由化对跨国并购概率的积极效应增强。金融自由化、行业外部融资依赖度和腐败控制力度三者交互项的系数为 0.009，显著性水平为 10%，说明在腐败控制力度强的东道国，金融自由化的融资效应更强，更有利于促进外部融资依赖度较高的行业中的企业进行跨国并购。第 3 列和第 5 列分别检验了东道国政府效率（*governeff*）和信贷规模（*credit*）的影响，结果与第 1 列近似，表明在政府效率高和信贷规模大的东道国，金融自由化的融资效应会更强。

表 6-4　　　　　　　　　经济和制度因素对融资效应的影响

解释变量		第 1 列 $U = law$	第 2 列 $U = corruption$	第 3 列 $U = governeff$	第 4 列 $U = OP$	第 5 列 $U = credit$
lf_OFDI	*FF*	0.276 (0.173)	0.209 (0.162)	0.264 (0.179)	0.492*** (0.153)	0.201 (0.181)
	$FF \times FD$	0.004** (0.002)	0.004** (0.002)	0.004** (0.002)	0.011*** (0.003)	0.004** (0.002)
	$FF \times U$	0.122 (0.165)	0.282* (0.152)	0.139 (0.164)	-0.548*** (0.172)	0.236 (0.177)
	$FF \times FD \times U$	0.009* (0.005)	0.009* (0.005)	0.008* (0.004)	-0.005 (0.003)	0.007** (0.003)
	obs	14208	14208	14208	14208	14208
Number_OFDI	*FF*	0.323* (0.169)	0.242 (0.160)	0.315* (0.175)	0.484*** (0.161)	0.192 (0.166)
	$FF \times FD$	0.004** (0.002)	0.004*** (0.002)	0.004*** (0.002)	0.012*** (0.002)	0.004** (0.002)
	$FF \times U$	-0.007 (0.165)	0.186 (0.149)	0.014 (0.162)	-0.569*** (0.171)	0.236 (0.168)
	$FF \times FD \times U$	0.012** (0.006)	0.012** (0.006)	0.010** (0.004)	-0.006** (0.003)	0.008*** (0.003)
	obs	14208	14208	14208	14208	14208
	alpha	6.624*** (2.011)	6.705*** (2.040)	6.630*** (2.013)	6.503*** (1.961)	6.698*** (2.048)

解释变量		第1列 U = law	第2列 U = corruption	第3列 U = governeff	第4列 U = OP	第5列 U = credit
平均模型	FF	0.948 (1.166)	1.164 (1.070)	0.957 (1.166)	− 0.202 (0.509)	− 0.213 (0.861)
	FF × FD	− 1.441 (0.910)	− 1.596* (0.870)	− 1.440 (0.911)	0.015 (0.036)	0.127 (0.446)
	FF × U	− 0.921 (1.006)	− 1.267 (0.918)	− 0.937 (1.004)	0.197 (0.506)	0.004 (0.645)
	FF × FD × U	1.458 (0.914)	1.614* (0.873)	1.457 (0.914)	− 0.011 (0.228)	− 0.113 (0.446)
	obs	14190	14190	14190	14190	14190
	rho	− 0.817** (0.148)	− 0.809*** (0.138)	− 0.818** (0.148)	− 0.779*** (0.126)	− 0.811** (0.167)
总模型	FF	0.484 (1.087)	0.676 (1.043)	0.493 (1.088)	− 0.272 (0.433)	− 0.460 (0.675)
	FF × FD	− 0.537 (1.089)	− 0.743 (1.041)	− 0.537 (1.089)	0.065 (0.062)	0.497 (0.373)
	FF × U	− 1.087 (1.070)	− 1.261 (1.002)	− 1.099 (1.071)	− 0.008 (0.524)	0.168 (0.630)
	FF × FD × U	0.599 (1.091)	0.807 (1.043)	0.600 (1.091)	− 0.145 (0.223)	− 0.437 (0.378)
	obs	14190	14190	14190	14190	14190
	rho	− 0.493*** (0.082)	− 0.487*** (0.079)	− 0.493*** (0.082)	− 0.517*** (0.083)	− 0.494*** (0.086)

注：平均规模和总规模的估计方法为 Heckman 两阶段法，表中仅报告了第二阶段的估计结果；小括号内为稳健标准误；*、** 和 *** 分别表示显著性水平为 10%、5% 和 1%；为节省空间，此处省略了常数项、年份和东道国国家固定效应以及其他控制变量的估计结果。

第 4 列对东道国经济开放度（OP）的检验则显示，金融自由化与经济开放度的交互项的估计系数为 −0.548，且非常显著（显著性水平为1%），说明在经济开放度高的东道国，金融自由化显著降低了中国企业进行跨国并购的概率。本文认为，这是因为在经济开放度较高的东道国，贸易自由化程度更高，通过出口方式服务海外市场更加便利，风险和成本都低于跨国并购，企业会优先选择出口，而非对外直接投资。这一检验结果符合已有研究对出口和对外直接投资成本关系的假设（Helpman et al.，2003），也符合一般条件下企业国际化进程中进行出口与对外直接投资的先后顺序（Head & Ries，2003；Aw & Yi，2014；Buch et al.，2014）。金融自由化、行业外部融资依赖度和经济开放度三者的交互项系数为 −0.005，没有通过显著性检验，表明在经济开放度水平不同的东道国间，金融自由化产生的融资效应并没有显著差异。

对扩展边际 Number_OFDI 的检验结果与 If_OFDI 的检验结果略有差异，主要表现在两个方面。一是，在 If_OFDI 的检验中，金融自由化与腐败控制力度的交互项的系数为0.282，显著性水平为10%，在 Number_OFDI 的检验中该系数为0.186，但是不显著。因此，整体来看，在腐败程度较低的东道国，中国企业跨国并购的可能性要高于腐败程度较高的东道国，没有支持已有研究中认为中国企业偏好到腐败程度较高、风险较大的东道国进行投资的观点（Kolstad & Wiig，2009）。二是，金融自由化、行业外部融资依赖度和经济开放度的交互项的系数为 −0.006，显著性水平为5%，表明在经济开放度较高的东道国，对于外部融资依赖度较高行业中企业而言，金融自由化的吸引力下降，融资效应对跨国并购的促进效应减弱。这是因为在外部融资依赖度高的行业中，企业跨国并购时面临更高的融资约束和投资风险，并购决策会更加谨慎，更加偏好通过风险和成本相对低的出口来服务境外市场。因此，当东道国经济开放度提高时，金融自由化带来的融资效应反而被弱化。

在集约边际的检验结果中，东道国腐败控制力度对年度行业跨国并购的平均规模的影响与其他检验结果不同。金融自由化与行业外部融资依赖度的交互项的估计系数为 −1.596，显著性水平为10%，金融自由化、行业外部融资依赖度、腐败控制力度三者交互项的系数为1.614，显著性水平为10%。这说明在腐败程度较高的东道国，金融自由化不但无法产生融资效应，相反，会恶化融资环境，对跨国并购产生抑制作用，但是在腐败控制力度较强的东道国，金融自由化依然具有显著的融资效应。除腐败控制力度外，东道国法治水平、政府效率、经济开放度和信贷规模均未对金融自由化的融资效应产生显著影响。

总的来看，在制度质量和经济基础较好的东道国，金融自由化更可能提高中国企业进行跨国并购的意愿，增加并购交易的数量，但是对跨国并购规模的影响比较有限。

第三节　本 章 小 结

本章使用 2008～2015 年中国 A 股上市企业数据，研究了 2008 年金融危机后东道国金融自由化对中国企业跨国并购的影响。主要结论如下：第一，在金融自由化水平较高的东道国，中国企业跨国并购的概率和次数会增加，但是并购交易的平均规模和总规模没有显著扩大。第二，东道国金融自由化会产生融资效应，融资效应主要提高了中国企业跨国并购的概率和次数，没有显著提高跨国并购的规模。第三，东道国的制度质量因素对融资效应具有重要的影响。在跨国并购的扩展边际上，东道国的法治水平越高、腐败程度越低、政府越有效率、信贷规模越大，金融自由化的融资效应越强。相反，东道国经济开放度提高会削弱金融自由化的融资效应。在跨国并购的集约边际上，除腐败程度外，其他制度质量和经济因素对融资效应的影响并不显著。在腐败程度高的东道国，金融自由化不但没有产生融资效应，反而会恶化融资环境。当东道国腐败控制力度较强时，金融自由化才能产生显著的融资效应，促进并购规模的扩大。

从政府角度讲，应该积极推动金融自由化和全球化，特别是在"一带一路"沿线国家。2015～2017 年 3 年间，中国对"一带一路"沿线国家的并购交易年复合增长率接近 70%，2017 年并购金额同比增长了 84%。[①] 未来"一带一路"沿线国家在中国企业跨国并购中将会占据重要地位，这些国家的金融环境及其变化必然将对中国企业的国际化进程产生重大的影响。因此，在

---

① 赵爱玲：《哪些中外因素将影响 2018 年中企业跨境并购》，载于《中国对外贸易》2018 年第 2 期。

实现资金融通、鼓励中国企业对外直接投资的过程中，促进东道国金融自由化是创造良好国际投资环境的重要内容。从企业角度讲，在跨国并购的区位选择中，应当尽可能选择金融自由化水平高，且具有良好的制度质量的东道国，特别是腐败程度低的东道国。这将有助于企业利用境外融资，减少对母国融资的依赖，降低母国债务融资比重过高带来的高杠杆风险。

第七章

融资约束对企业对外直接投资
价值链延伸的影响

本章的主要内容是检验融资约束对企业对外直接投资中价值链链节选择的影响。如果融资约束对不同价值链链节的选择具有抑制作用，可以证明融资约束制约了中国企业通过对外直接投资实现价值链延伸的能力。

第一节　计量模型设定与变量

为了检验融资约束对企业对外直接投资中不同价值链链节决策的影响，本章采用离散二元选择模型进行检验，具体模型设定如下：

$$Pr(OFDI_{it}^{k}) = \alpha_0 + \alpha_1 FC_{it} + \alpha_2 TFP_{it} + \sum \theta_n X_{it}^{n}$$
$$+ \upsilon_i + \upsilon_j + \upsilon_t + \upsilon_p + \varepsilon_{it} \qquad (7.1)$$

其中，i 和 t 分别表示企业和年份；k 表示不同的对外直接投资价值链链节选择；$OFDI_{it}^{k}$ 表示企业是否选择在某种价值链链节上进行对外直接投资，如果某类对外直接投资发生则取值为 1，否则取值为 0。FC 为关键解释变量融资约束，TFP 为解释变量全要素生产率，X 为控制变量，具体包括企业固定资产规模、现金流、企业工资水平、企业年龄、出口虚拟变量。v_i 表示企业特征，用以控制未被控制变量包含的个体效应；v_j 表示行业层面的特征，用以控制行业效应；v_t 用来控制年份效应；v_p 表示企业所在省份特征，用来控制地区效应。ε 为模型的误差项。本部分实证检验涉及的指标与前文相同，此处不再累述。不同之处在于，本部分首先是使用融资约束的当期值进行检验，然后再采用滞后一期值进行检验，将检验结果进行对比。

本章的其他变量与第五章相同，此处不再赘述。

第二节　检验结果与分析

一、初始检验

表 7 - 1 报告了当企业单纯进行商贸服务类对外直接投资时融资约束的影响。在第（1）列的检验结果中没有任何控制变量，融资约束（FC）的估计系数为 - 0.274，显著性水平为 1%。在第（2）列的检验中控制了企业的全要素生产率、固定资产规模、现金流以及出口状态，此时融资约束的估计系数为 - 0.315，显著性水平为 1%。在第（3）列的检验中进一步控制工资水平和企业年龄，融资约束的系数为 - 0.324，显著性水平依然为 1%。第（4）列中进一步控制个体固定效应、行业固定效应、地区固定效应和时间固定效应后，融资约束的估计系数依然为 - 0.295，显著性水平为 1%。这表明融资约束对商贸服务类对外直接投资具有显著的抑制作用，而且检验的结果很稳健。

此外，全要素生产率和出口虚拟变量的系数为正向显著，说明生产率高的企业和出口企业更可能进行商贸服务类对外直接投资；企业固定资产规模的系数为负，显著性水平为 1%，说明固定资产规模越大，进行商贸服务类对外直接投资的可能性越小。这是因为此类投资的主要目的之一是为促进母公司出口，意味着企业要在国内增加固定资产投资、扩大生产规模，以便满足出口增长的需求。企业必须考虑如果对外直接投资带来境外市场需求增加，企业能否顺利进行伴随而来的固定资产投资。一旦境外市场需求萎缩，已经增加的固定资产投资会成为企业的包袱，导致生产的平均成本上升，降低市场竞争力。企业需要权衡对外直接投资带来的规模经济与固定资产投资带来的风险之间孰大孰小。固定资产占总资产的比重与企业所在的行业特征和生产的产品特征相关，当固定资产规模越大时意味着扩大生产需求追加的固定资产投资越多，企业的对外直接投资决策就会越谨慎。现金流（WCF）的估计系数为负向显著，本章认为这是因为企业以利润作为对外直接投资的重要资金来源，使得对外直接投资企业的现金流小于非对外直接投资企业。企业年龄和工资水平的估计系数则不显著，对企业的投资决策没有产生重要的影响。

表 7 - 1　　　　　　　初始检验：商贸服务类对外直接投资企业

解释变量	（1）	（2）	（3）	（4）
FC	- 0. 274 *** (0. 051)	- 0. 315 *** (0. 084)	0. 324 *** (0. 084)	- 0. 295 *** (0. 084)
l. TFP		0. 342 *** (0. 064)	0. 364 *** (0. 065)	0. 382 *** (0. 063)
l. WFAS		- 0. 013 *** (0. 005)	- 0. 013 *** (0. 005)	- 0. 012 *** (0. 005)
l. WCF		- 0. 019 *** (0. 006)	- 0. 019 *** (0. 007)	- 0. 018 *** (0. 007)
l. EXD		2. 125 *** (0. 180)	2. 137 *** (0. 182)	2. 149 *** (0. 182)
salary			- 0. 113 (0. 110)	- 0. 059 (0. 118)
age			- 0. 006 (0. 007)	- 0. 007 (0. 007)
_cons	- 7. 27 *** (0. 585)	- 10. 35 *** (0. 543)	- 10. 15 *** (0. 572)	- 11. 47 *** (0. 659)
个体效应	否	否	否	是

续表

解释变量	（1）	（2）	（3）	（4）
行业效应	否	否	否	是
时间效应	否	否	否	是
地区效应	否	否	否	是
obs	284523	284523	284523	284523
Pseudo R^2	0.0221	0.0891	0.0895	0.0993

注：*、**和***分别表示在10%、5%和1%水平下显著，小括号内为稳健标准误。本章以下所有表同。

表7-2第（5）~（8）列报告了生产类、研发设计类、资源类、混合类对外直接投资企业的检验结果，第（9）列为生产类与商贸服务类对外直接投资之间的对比检验。在生产类对外直接投资中融资约束的估计系数为 -0.256，显著性水平为1%，表明进行生产类对外直接投资的企业其融资约束显著地低于非对外直接投资企业，融资约束对生产类对外直接投资具有经济意义上显著的抑制作用。全要素生产率和出口虚拟变量的系数分别为 0.548 和 1.149，均在1%水平下显著，表明进行生产类对外直接投资的企业具有更高的生产率水平，而且企业前期的出口行为会增加企业进行境外投资的可能性。但是固定资产规模和现金流的系数不显著，说明不同于对商贸服务类对外直接投资的影响，这两个因素对生产类对外直接投资没有限制的负面作用。这可能是因为，生产类投资在东道国建厂生产，对东道国的就业、经济增长、甚至出口都具有促进作用，因此，更容易享受到东道国的优惠政策，企业无须在母国扩大生产，使得对外直接投资活动与企业自身的固定资产规模及现金流的关联性降低。

表7-2　　　　　　　初始检验：其他价值链链节上的 OFDI

解释变量	生产类	研发设计类	资源类	混合类	生产类与商贸服务类
	（5）	（6）	（7）	（8）	（9）
FC	-0.256 *** (0.144)	-1.449 *** (0.382)	-1.497 *** (0.517)	-0.678 *** (0.163)	0.228 (0.232)

续表

解释变量	生产类	研发设计类	资源类	混合类	生产类与商贸服务类
	（5）	（6）	（7）	（8）	（9）
l. TFP	0.548 ***	3.133 ***	1.380 ***	0.625 ***	0.258
	（0.117）	（0.334）	（0.342）	（0.137）	（0.179）
l. WFAS	− 0.011	0.045 ***	− 0.038	− 0.021 **	0.002
	（0.009）	（0.017）	（0.025）	（0.009）	（0.010）
l. WCF	− 0.012	− 0.003	− 0.084 ***	− 0.023 *	0.001
	（0.012）	（0.015）	（0.009）	（0.013）	（0.012）
l. EXD	1.149 ***	—	− 0.052	1.496 ***	− 1.135 ***
	（0.285）		（1.367）	（0.334）	（0.383）
salary	− 0.216	2.713 ***	− 0.302	− 0.178	− 0.407
	（0.279）	（0.423）	（1.270）	（0.254）	（0.500）
age	− 0.033 **	− 0.318 ***	− 0.165 ***	− 0.004	− 0.035
	（0.017）	（0.061）	（0.011）	（0.012）	（0.022）
固定效应	是	是	是	是	是
obs	284367	41157	284317	284359	390
Pseudo R^2	0.0522	0.6242	0.2645	0.1048	0.0751

在研发设计类对外直接投资中融资约束的估计系数为 − 1.449，通过了 1% 显著性水平检验，表明融资约束对研发设计类对外直接投资具有显著的抑制作用。此外，全要素生产类、固定资产规模、企业工资水平的系数全部为正向显著。固定资产规模越大的企业越可能进行研发设计类对外直接投资，这是因为研发设计活动需要大量的持续资金支持，但其本身很难形成抵押，进行这类投资的企业需要更多的固定资产作为抵押来获得投资所需的资金。进行研发设计类对外直接投资的企业多数为知识密集型的企业。一般而言企业的知识密集度越高、人力资本越多，相应的工资水平也会更高。知识密集型的企业对先进技术等的寻求动机更强烈，导致企业的工资水平与研发设计类对外直接投资之间高度正相关。企业年龄的系数为负向显著，说明年龄越大的企业越不倾向于研发设计类对外直接投资，这是由于许多现代高新技术

企业都是较为年轻的企业，年龄较大的企业很多属于传统行业，技术寻求动机相对会比较弱。

对资源类和混合类对外直接投资的检验结果显示，融资约束的系数显著为负，全要素生产率的系数显著为正，依然符合理论预期。第（9）列中对比生产类和商贸服务类对外直接投资的检验结果显示，只有出口虚拟变量的系数显著为负，表明如果企业出口，进行生产类对外直接投资的可能性显著小于进行商贸服务类投资的可能性。这是因为商贸服务类对外直接投资的主要目的之一便是为了促进国内生产和出口，如果企业在东道国进行生产很可能与出口形成冲突。因此，如果可以通过出口满足东道国市场的需求，在当地进行生产类投资的可能性自然下降。这一结果表明中国企业进行的生产类对外直接投资更多的是将位于母国的生产转移出去，而非仅仅转移部分丧失优势的环节，因此较难与国内的生产和出口形成互补。

二、稳健性检验

接下来本章采用融资约束的滞后一期进行控制内生性的稳健性检验。如果企业通过对外直接投资当年通过银行贷款等外部融资途径进行融资，会导致当期负债率上升，低估融资约束对对外直接投资决策的影响。滞后一期的融资约束可以反映企业在下一期的融资能力，但是下一期的对外直接投资决策对前一期的融资约束通常没有太大的影响，因此，使用滞后一期可以减少内生性问题的困扰（李磊和包群，2015），检验结果见表7-3。[①] 检验结果显示，在商贸服务类对外直接投资中融资约束的估计系数在1%水平下显著，系数为-0.586，比使用融资约束当期值估计时更小，而且稳健标准误的变化幅度小于系数变化幅度，估计的精度提高。生产类对外直接投资中融资约束的系数为-0.513，资源类对外直接投资中融资约束系数为-2.640，混合类对外直接投资中融资约束的系数为-0.945。与表7-2中对应的检验结果相比，使用融资约束滞后一期时融资约束的系数都进一步变小，表明负向效应增强，滞后一期的融资约束的解释力更强。生产类对外直接投资与商贸服务

---

① 研发设计类和资源类对外直接投资的样本数很小，有时采用滞后期进行检验无法得到有效结果。

类对外直接投资的对比结果中，融资约束的系数不显著，与使用当期值的结果一致。整体上看，对价值链不同链节上投资活动的检验结果是稳健的，而且使用融资约束滞后一期可以提高估计精度。在以下的拓展检验中本章只报告使用融资约束滞后一期的检验结果。

表 7-3　　　　　　　　　　　初始检验：控制内生性

解释变量	商贸服务类	生产类	资源类	混合类	生产类与商贸服务类
	(10)	(11)	(12)	(13)	(14)
l. FC	-0.586 *** (0.103)	-0.513 *** (0.195)	-2.640 ** (1.083)	-0.945 *** (0.231)	0.270 (0.281)
l. TFP	0.317 *** (0.068)	0.493 *** (0.130)	1.437 *** (0.507)	0.586 *** (0.134)	0.264 (0.185)
其他控制变量	是	是	是	是	是
obs	285774	285625	285574	288617	257
Pseudo R²	0.1075	0.0592	0.2482	0.0984	0.0786

三、不同投资目的国的检验

当企业投资的目的地国家不同时，在不同价值链链节上融资约束对投资活动的影响不同，表 7-4 报告了进一步细分投资目的地国家收入水平的检验结果。划分依据为世界银行全球发展指数（WDI）中各国（地区）的收入水平，将中高收入和高收入的投资目的地分为高收入国家，中低和低收入的目的地划分为低收入国家。在商贸服务类对外直接投资的检验结果中，如果投资目的国为高收入国家则融资约束的系数为 -0.626，显著性水平为 1%。相反，如果目的国是低收入国家则融资约束的系数为 -0.358，没有通过显著性检验。如果同时在高、低收入国家进行商贸服务类投资，融资约束的系数为 -1.571，在 1% 水平下显著。按照理论预期，企业在不同经济发展水平的国家进行投资时可以利用不同经济体的商业周期，分散经营风险，但是同时在不同国家开展经营势必进一步增加对资金的需求，并对企业的管理能力要求更高。就商贸服务类投资而言，企业的生产活动依然集中在母国，分割生产环节、利用不同市场进行优势互补的能力较低。因此，银行等投资人可以通过企业对外直接投资目的国的差异来判断投资风险和收益，使得同时在高、低收入国家投资的企业面临更高的融资约束，抑制企业利用不同市场的经济周期分散经营风险的能力。

表 7－4 不同投资目的国检验

解释变量	商贸服务类			生产类		
	高收入	低收入	高、低收入	高收入	低收入	高、低收入
l. FC	− 0. 626 *** (0. 114)	− 0. 358 (0. 271)	− 1. 571 *** (0. 609)	− 0. 552 ** (0. 275)	− 0. 583 ** (0. 297)	− 1. 300 (1. 259)
l. TFP	0. 202 *** (0. 078)	0. 491 *** (0. 177)	1. 262 *** (0. 243)	0. 489 *** (0. 182)	0. 345 * (0. 199)	1. 504 *** (0. 575)
obs	284454	284314	83360	284313	284310	284288
Pseudo R^2	0. 0991	0. 0787	0. 2484	0. 0706	0. 0651	0. 2398
其他控制变量	是	是	是	是	是	是

解释变量	混合类			商贸服务类与生产类		
	高收入	低收入	高、低收入	高收入	低收入	高、低收入
l. FC	− 0. 930 *** (0. 293)	− 1. 036 *** (0. 385)	—	0. 156 (0. 386)	− 0. 128 (0. 535)	—
l. TFP	0. 470 *** (0. 176)	0. 692 *** (0. 222)	—	0. 221 (0. 258)	0. 426 (0. 370)	—
obs	284314	284302	—	195	52	—
Pseudo R^2	0. 1282	0. 1115	—	0. 1102	0. 1974	—
其他控制变量	是	是	是	是	是	是

生产类对外直接投资的检验结果显示，东道国为高收入国家时融资约束的估计系数为 − 0. 552，在5%水平下显著，说明融资约束高的企业选择在高收入国家投资的概率显著下降。同样地，东道国的收入水平较低时融资约束对是否投资的决策也具有显著的影响，而且融资约束的估计系数与高收入东道国的估计系数差异很小，说明融资约束对生产类对外直接投资的影响不会由于目的国收入水平的高低有显著的不同。但是当企业同时在高、低收入国

家进行生产类投资时，融资约束的估计系数为 - 1.300，不显著。同时在不同
收入水平的国家进行生产的企业更容易实现产品生产环节的分割，充分利用
不同收入水平国家的要素禀赋优势，降低产品的生产成本。同样地，这种区
位选择也可能被银行等投资人用作衡量企业市场竞争力和判断风险的标准从
而提高这类企业的负债融资能力，降低融资约束的负面效应。不过同时在高、
低收入国家进行生产类投资的企业其全要素生产率要高得多。

混合类对外直接投资的检验结果中，无论东道国为高收入还是低收入国
家，融资约束系数都显著为负，而且比商贸服务类和生产类对外直接投资中
的系数小很多，意味着混合类对外直接投资面临很强的融资约束。这是因为
企业在东道国同时开展至少两项以上的经营活动内容会增加投资成本，融资
约束的作用进一步凸显出来。商贸服务类和生产类对外直接投资的对比检验
结果显示，无论东道国是高收入国家还是低收入国家，融资约束对这两类投
资活动的影响不存在显著差异。

总的来说，投资目的地为高收入国家时，融资约束的负面效应普遍存在。
生产类对外直接投资更适合在高收入国家和低收入国家同时展开。投资目的
地为低收入国家时，更容易进行商贸服务类投资，这与刘斌等（2015）的研
究结论部分一致，即投资于发展中国家更有利于企业在管理、物流、品牌、
营销、售后等领域实现功能升级。

四、基于企业特征的检验

（一）不同所有制企业的比较

借鉴张杰等（2013）的做法，按照不同出资人的出资额占实收资本的比重
（≥50%），将企业划分为国有企业、集体企业、法人企业、私有企业、港澳台
企业以及外资企业6种类型，检验中加入融资约束与企业所有制性质虚拟变量
的交互项，以国有企业为基准的检验结果见表7-5。为避免虚拟变量产生的共
线性对估计结果的影响，本章采用从一般到特殊的方法（Herzer，2010），逐步
去掉系数不显著的交互项，直到剩余交互项的系数至少在10%的水平下显著。
商贸服务类对外直接投资的检验结果中融资约束的系数为 - 0.779，显著性水平
为1%。融资约束与企业所有制虚拟变量的交互项中，当企业为港澳台企业

（owner4）和外资企业（owner5）时系数分别为 0.575 和 0.643，显著性水平均为 1%，表明在这两类企业中融资约束对商贸服务类对外直接投资的抑制作用显著小于企业为国有企业、集体企业（owner1）、法人企业（owner2）或者私有企业（owner3）时。港澳台企业和外资企业自身便是跨国企业的一部分，不但可以从母公司获得对外直接投资需要的资金支持，而且更容易获得跨国经营的经验。许多跨国企业在全球建立了自己的营销网络，正是中国本土企业缺乏和急需获取的战略性资源。本章的检验结果也证实港澳台企业和外资企业在从事商贸服务类投资活动时具有融资方面的优势。

表 7 - 5 　　　　　　　　　　不同所有制企业的检验

解释变量	商贸服务类	生产类	资源类	混合类	商贸服务类与生产类
l. FC	-0.779 *** (0.115)	-0.838 *** (0.188)	-0.835 (1.057)	-1.274 *** (0.247)	0.060 (0.293)
l. TFP	0.302 *** (0.066)	0.488 *** (0.160)	1.433 *** (0.461)	0.556 *** (0.146)	0.307 (0.196)
l. FCowner1			-0.691 ** (0.283)	0.964 *** (0.186)	
l. FCowner2		0.669 * (0.391)	-2.360 *** (0.504)		0.883 * (0.485)
l. FCowner3			-1.952 *** (0.357)		
l. FCowner4	0.575 *** (0.104)	—	-0.631 ** (0.258)	1.087 *** (0.173)	-2.838 *** (0.961)
l. FCowner5	0.643 *** (0.141)	1.162 *** (0.275)		1.091 *** (0.236)	1.608 ** (0.723)
其他控制变量	是	是	是	是	是
obs	284492	284339	284289	284331	259
Pseudo R²	0.1106	0.0666	0.3375	0.1240	0.1400

生产类对外直接投资的检验结果中融资约束的系数为 -0.838，显著性水

平为1%，融资约束与所有制虚拟变量的交互项中有两项显著，分别是法人企业和外资企业，系数分别为 0.669 和 1.162，显著性水平分别为 10% 和1%，表明在进行生产类对外直接投资时外资企业的融资约束最低，其次是法人企业，集体企业和私有企业的融资约束与国有企业没有显著不同。法人企业的融资约束较低是由于法人企业通常有较好的治理机制，可以提高企业的经营绩效、降低经营风险，被银行等金融机构视为优良的借款人，其面临的融资约束也相应较轻。外资企业则比法人企业更具有融资优势，由于外资的介入，外资企业通常会拥有更先进的生产技术、更强的管理能力、更便利获取的境外经营经验和来自母公司的资金支持，能够提高境外经营的成功概率，并降低融资约束。国有企业、集体企业和私有企业则缺乏这方面的优势。

在资源类对外直接投资的检验中融资约束的系数为 - 0.835，但是不显著。融资约束与企业所有制虚拟变量的交互项中，除外资企业外其他四个交互项的系数分别为 - 0.691、- 2.360、- 1.952 和 - 0.631，且至少在 5% 水平下显著。这说明融资约束对资源类对外直接投资的负面效应主要发生在这四类企业中，其中又以法人企业和私有企业面临的融资约束最强。在混合类对外直接投资的检验结果中融资约束的估计系数为 - 1.274，显著性水平为1%。集体企业、港澳台企业和外资企业的虚拟变量与融资约束的交互项的系数分别为 0.964、1.087 和 1.091，全部在 1% 水平下显著，说明在进行混合类对外直接投资时融资约束对国有企业、法人企业和私有企业的抑制作用不存在显著差异，但是集体企业、港澳台资企业和外资企业所面临的融资约束相对较小。如果将融资约束的系数与交互项的系数相加，融资约束对这三类企业进行混合类对外直接投资的总效应依然为负。在商贸服务类投资与生产类投资的对比结果中，融资约束的系数为 0.060，但是不显著。融资约束与企业所有制虚拟变量中的交互项中，法人企业的系数为 0.883，显著性水平为 10%，外资企业的系数为 1.608，显著性水平为 5%，港澳台企业的系数为 - 2.838，显著性水平为 1%。这表明在国有企业、集体企业和私有企业中商贸服务类投资与生产类投资所受融资约束的程度没有显著差异，在法人企业和外资企业中，融资约束对生产类对外直接投资的抑制作用小于对商贸服务类对外直接投资的作用，在港澳台资企业中情形正好相反，生产类对外直接投资比商贸服务类对外直接投资面临更强的融资约束。

（二）企业是否得到补贴的检验

在一些新兴经济体中建立政治关联的企业更容易获得银行贷款（Claessens et al.，2008）。对中国的研究同样发现，民营企业通过与当地政府建立政治关联可以获得更多的财政补贴（余明桂等，2010），更容易从银行获得贷款来支持研发活动（张杰等，2012）。鉴于政治关联可能影响企业的融资能力，本章从企业是否获得政府补贴的角度进行了进一步检验。借鉴张杰等（2012）的做法，以企业是否获得政府补贴来衡量企业的政府关联状态。如果企业获得了政府补贴，则认为企业建立了政府关联，$SUB=1$，反之，$SUB=0$，检验结果见表 7-6。

表 7-6　　　　　　　　　　　　是否得到补贴的检验

解释变量	商贸服务类	生产类	资源类	混合类	商贸服务类与生产类
l. FC	-0.518 *** (0.107)	-0.669 *** (0.168)	-2.119 * (1.089)	-0.748 *** (0.271)	0.012 (0.315)
l. TFP	0.265 *** (0.066)	0.494 *** (0.129)	1.342 *** (0.455)	0.512 *** (0.151)	0.333 * (0.199)
SUB	0.918 *** (0.146)	0.334 (0.334)	0.908 (1.125)	1.140 *** (0.338)	-0.610 (0.406)
l. $FCSUB$	0.011 (0.146)	0.789 * (0.429)	-0.787 (0.742)	-0.241 (0.237)	0.638 (0.466)
其他控制变量	是	是	是	是	是
obs	284492	284339	284289	284331	259
Pseudo R^2	0.1169	0.0623	0.3316	0.1301	0.1006

商贸服务类对外直接投资的检验结果中融资约束的系数为 -0.518，并在 1% 水平下显著，政府补贴虚拟变量的系数为 0.918，显著性水平为 1%。融资约束与补贴虚变量的交互项的系数虽然为 0.0106，但是不显著，说明获得政府补贴的企业更有可能进行商贸服务类对外直接投资，但是获得补贴并不能显著缓解企业对外直接投资过程中的融资约束。类似的情形还出现在混合类对外直接投资的检验结果中。本章认为，一种原因在于企业获得的政府补贴相比对外直接投资的资金需求而言仍然较少。另一种原因，可能在于企业

将政府补贴用于其他用途，如提高生产率。提高生产率的活动有多种，资金需求有大有小，政府补贴更适合企业灵活地用于提高生产率的活动。对外直接投资对资金的需求比较大，而且投资活动与投资机会相关，企业获得补贴的时间不一定恰逢投资的最佳时机。因此，补贴对对外直接投资中融资约束的影响有限。

生产类对外直接投资的检验结果中，融资约束的系数为 -0.669，显著性水平为1%，补贴虚拟变量的系数不显著为正，融资约束与补贴虚拟变量的交互项系数为0.789，通过了10%的显著性检验。这表明获得政府补贴的企业在进行生产类对外直接投资时融资约束的影响小于未获得政府补贴的企业，政府补贴有助于缓解生产类对外直接投资面临的融资约束。

在资源类对外直接投资的检验结果中，融资约束的系数为 -2.119，显著性水平为10%，补贴虚拟变量的系数不显著为正，融资约束与补贴虚拟变量的交互项系数为负，不显著，说明政府补贴对资源类对外直接投资的促进作用非常有限。这是由于资源类投资本身的资金需求非常大，绝大多数企业都无法从事此类投资。一般企业获得的政府补贴相比资源类投资的巨大资金需求只是杯水车薪。在商贸服务类投资与生产类投资的对比检验中融资约束、补贴虚拟变量以及交互项的系数都不显著，表明从是否获得政府补贴角度看，这两类投资之间融资约束的作用没有差异。

整体上看，政府补贴可以直接缓解生产类对外直接投资的融资约束，对商贸服务类和混合类投资而言主要是通过提高生产率的方式间接发挥促进作用。

五、基于金融发展水平的检验

企业的融资约束程度与其所处地区的整体金融发展水平相关，在金融发展水平较高的地区企业的融资渠道更多、更畅通，由于规模或者所有制差异等带来的融资不平等也会相应缓解，因此本部分重点检验企业所在地区金融发展水平的影响。为了避免过多的数据挖掘，本章使用徐清（2014）计算的中国各省份金融发展指标，从地区金融规模、金融结构和金融效率三个方面衡量企业所在地区的金融发展状况。金融规模指标计算方法为各省份融资总额占各省份地区生产总值的比率，金融结构指标由各省份直接融资额占各省份融资总额的比重和债券融资占直接融资的比重两个分项指标构成，金融效率指标由储蓄转化效率指标和资本配置指标两个分项指标构成。如果企业所处的省份金融规模、金融结构和金融效率的取值在均值以上，代表金融规模较大、金融结构较优和金融效率较高，相应地 *FSCA*、*FSTR* 和 *FEFF* 分别取值为1；反之，取值为0。

表7-7中商贸服务类对外直接投资的检验结果显示，融资约束与金融规模和金融效率虚拟变量的交互项系数分别为 -0.299 和 -0.234，显著性水平为5%，表明位于金融规模较大或者金融效率较高省份的企业，在进行商贸服务类对外直接投资时面临的融资约束显著强于位于金融规模较小或者金融效率较低省份的企业。本章认为这种现象印证了中国企业通过出口缓解融资约束的观点（韩剑和王静，2012）。商贸服务类对外直接投资的主要目的之一在于促进国内生产和出口，在金融规模较大和金融效率较高的省份的企业获得融资的可能性提高，融资约束降低，进行商贸服务类对外直接投资的动机减弱。相反，在金融规模较小和金融效率较低的省份，企业获得融资的难度加大，更倾向于通过商贸服务类投资促进出口，进而缓解融资约束。融资约束与金融结构虚拟变量的交互项不显著为正，说明在融资结构优化对商贸服务类对外直接投资的促进作用有限。

表7-7　　　　　　　　　　　　　金融发展的影响

解释变量		商贸服务类	生产类	资源类	混合类	商贸服务类与生产类
金融规模的影响	l. *FC*	-0.448 ***	-0.701 ***	-2.922 **	-0.875 ***	-0.338
		(0.095)	(0.180)	(1.361)	(0.241)	(0.434)
	l. *FCFSCA*	-0.299 **	0.443 *	1.005 ***	-0.144	0.859 **
		(0.128)	(0.241)	(0.258)	(0.257)	(0.392)
	Pseudo R^2	0.107	0.059	0.317	0.113	0.093
	其他控制变量	是	是	是	是	是
金融结构的影响	l. *FC*	-0.615 ***	-0.584 ***	-3.239 ***	-0.883 ***	0.221
		(0.104)	(0.186)	(1.203)	(0.230)	(0.294)
	l. *FCFSTR*	0.181	0.337	2.190 ***	-0.255	0.341
		(0.177)	(0.279)	(0.708)	(0.305)	(0.535)
	Pseudo R^2	0.106	0.058	0.332	0.113	0.077
	其他控制变量	是	是	是	是	是

解释变量		商贸服务类	生产类	资源类	混合类	商贸服务类与生产类
金融效率的影响	l. *FC*	− 0.457 *** (0.101)	− 0.397 * (0.212)	− 2.908 ** (1.287)	− 0.932 *** (0.231)	0.426 (0.488)
	l. *FCFEFF*	− 0.234 ** (0.118)	− 0.229 (0.252)	1.913 *** (0.698)	− 0.027 (0.229)	− 0.204 (0.467)
	Pseudo R²	0.1068	0.0578	0.3275	0.1122	0.0766
	其他控制变量	是	是	是	是	是
obs		284492	284339	284289	284331	259

生产类对外直接投资的检验结果显示，融资约束与金融规模虚拟变量的交互项的系数为 0.443，显著性水平为 10%，与金融结构和金融效率的交互项不显著。这表明当企业位于金融规模较大的省份时进行生产类对外直接投资所面临的融资约束会显著降低。由于融资约束的总效应依然为负，− 0.258 = [（− 0.7055）+ 0.4425]，因此，位于金融规模较大省份只是有助于缓解投资中的融资约束，融资约束的抑制作用依然存在。金融结构优化和金融效率提高对生产类对外直接投资没有经济意义上显著的促进作用。

在资源类对外直接投资的检验结果中，融资约束与金融规模、金融结构和金融效率的交互项的系数为 1.005、2.190 和 1.913，显著性水平为 1%，表明金融发展的三个方面对资源类投资均具有促进作用。本章认为一个重要的原因在于，资源类对外直接投资往往由大企业或者国企进行，规模或者所有制性质方面的优势使得这类企业更容易获得。混合类对外直接投资的检验结果中，融资约束与金融规模、金融结构和金融效率的交互项均不显著为负，说明金融发展整体上对混合类对外直接投资面临的融资约束没有显著的缓解作用。在商贸服务类对外直接投资与生产类对外直接投资的对比检验中，只有融资约束与金融规模虚拟变量的系数为 0.859，显著性水平为 5%，表明当企业位于金融规模较大的省份时，进行生产类对外直接投资时融资约束的负面效应显著小于进行商贸服务类对外直接投资。换句话说位于金融规模较大地区省份的企业更可能进行生产类对外直接投资。

整体上看，金融发展水平提高最有可能促进资源类对外直接投资，其次是生产类对外直接投资，对商贸服务类投资则起到抑制作用。

第三节 本 章 小 结

自 2004 年以来，中国对外直接投资迅速增长。通过对外直接投资促进价值链和产业结构升级成为对外直接投资研究中的重要课题，融资难则是对外直接投资中的另一个热点问题。本章便是从中国企业对外直接投资过程中的价值链链节选择入手，分析和检验融资约束对对外直接投资价值链延伸的影响，实证检验与分析主要得到以下结论。

第一，整体上看，融资约束对所有价值链链节上的投资均具有抑制作用，意味着企业通过对外直接投资进行边际产业转移、获得技术溢出和增强市场势力的能力受到限制，向价值链高端攀升的过程受到融资能力的制约。

第二，融资约束对价值链链节选择的影响会随投资目的国发生变化。具体而言，在低收入国家进行商贸服务类投资时融资约束抑制作用显著降低，投资目的国为高收入国家时企业在所有链节上的延伸都会受到抑制，生产类投资更适合在不同收入水平的国家同时进行。高收入国家是先进技术的发源地和聚集地，同时汇集大多数掌握世界高端品牌、营销网络和销售渠道的企业。因此，企业在高收入国家进行的投资对价值链升级具有更加重要的作用。通过对高收入国家投资活动的抑制，融资约束将对中国企业的价值链升级产生极其不利的影响。

第三，平均而言在所有价值链链节上私有企业总属于面临融资约束较大的一组，外资企业和港澳台企业则是融资约束较小的一组。政府给予的补贴只缓解了生产类对外直接投资面临的融资约束。对于其他价值链链节上的对外直接投资，主要是通过促进生产率的方式来间接产生积极影响。

第四，金融发展尚未充分发挥促进对外直接投资价值链延伸的作用，集中表现在商贸服务对外直接投资中的融资约束没有缓解，反而增强；对生产类对外直接投资的促进作用只发生在融资规模扩大时；金融发展最有利于资源类对外直接投资。

本章分析表明，以下几个方面应当引起特别关注：首先，改善企业的融资条件，缓解对外直接投资中的融资难问题是发挥对外直接投资促进母国产业结构调整、价值链升级的重要保障。其次，鼓励企业向高收入的发达国家进行不同价值链链节上的投资，鼓励目的国为发展中国家、带有边际产业转移目的的生产类投资。融资上给予更大的支持和便利，有利于利用不同东道国的资源禀赋优势，提升中国企业的竞争力。再次，从数量上讲，私有企业和法人企业是中国对外直接投资中的主力，对这两类企业应该给予更多的支持，特别是融资最为困难的私有企业。政府财政补贴应更多地着眼于促进企业生产率提升，从根本上提高企业"走出去"的能力。最后，不断完善金融体制改革，促进金融发展，营造公平的融资环境，充分发挥对外直接投资对价值链升级的积极作用。

第八章

结论与对策建议

第 一 节　主 要 结 论

本书主要研究了三个方面的问题。第一，融资约束对企业对外直接投资生产率准入门槛的影响；第二，融资约束对企业对外直接投资中的区位选择影响；第三，融资约束对对外直接投资不同价值链链节选择的影响。本节对以上问题的具体研究内容和所得结论进行简要总结。

一、融资约束对企业对外直接投资生产率准入门槛的影响

本书的研究显示生产率越高的企业进行对外直接投资的可能性越大，融资约束则降低了企业对外直接投资的可能性，并且提高对外直接投资所需的生产率水平。本书对已有研究的拓展在于，将企业的对外直接投资决策过程进行拆分，更细致地刻画了融资约束影响对外直接投资的过程，采用中国数据的实证分析也验证了理论假设的合

理性，并发现中国企业对外直接投资过程中融资约束对生产率准入门槛作用的其他特征。

在融资约束影响对外直接投资的机制分析中，本书将对外直接投资的决策划分为两个阶段。在企业对外直接投资的第一个阶段，即决定是否可以进行最低成本的投资项目时，存在一个生产率的准入门槛，它由完美金融市场条件下对外直接投资的生产率门槛加上融资约束带来的高融资成本构成，会随着融资约束的强弱而上升或者下降，但不会由于融资约束的消失而消失。对于跨过了生产率准入门槛的企业而言，已经可以从事成本最低的对外直接投资活动，但是出于战略需求的考量，企业可能选择更高成本的投资项目，从而进入对外直接投资决策的第二个阶段。在第二个阶段，既定的生产率水平和融资约束程度决定了企业投资项目的可行集，融资约束减弱会扩大企业投资活动组合的可行集。此时只要融资约束的强度不会使投资的收益小于零，企业就可以在不亏损的情况下优化投资项目，以实现其战略需求。通过将企业对外直接投资决策过程分解，可以很好地解释为什么投资高收入国家的企业不一定比投资低收入国家的企业拥有更高的生产率，或者投资中低收入国家的企业，投资的国家越多生产率不一定越高，从事技术研发型投资的企业对外直接投资的生产率水平高于市场寻求型投资的企业等（蒋冠宏，2014）。这是因为生产率较低的企业可以缩小对外直接投资项目的可行集，选择成本低的对外直接投资项目，这不但降低了对生产率水平的要求，而且会减轻融资约束对对外直接投资的抑制作用。相反，高生产率的企业由于战略需求，理想的投资项目的成本可能很高，对资金的需求很大，项目本身的特征与融资约束的双重作用使得在现有的生产率水平下无法进行对外直接投资。

以中国企业为样本的实证检验验证了理论分析的合理性，并且发现了中国企业对外直接投资中融资约束作用的特征。主要结论包括以下几个方面：

首先，融资约束对外直接投资的作用主要表现在：第一，融资约束对对外直接投资的抑制作用在企业决策的两个阶段中均发挥作用，对生产率准入门槛的影响主要发生在决策的第一阶段；第二，融资约束对对外直接投资生产率准入门槛的影响是非线性的，其中生产率准入门槛最高的是融资约束水平居中的企业，融资约束最低和较强企业的生产率准入门槛居中，生产率准入门槛最低的是融资约束最强的企业；第三，生产率可以抵销融资约束的部分影响，生产率较低的企业中融资约束对投资的抑制作用会被放大；第四，中国企业对外直接投资中的最低生产率准入门槛由融资约束最强的对外直接投资企业决定。

其次，企业的特征会改变融资约束对外直接投资生产率准入门槛的影响，表现在：第一，融资约束较强的出口企业中对外直接投资的生产率准入门槛显著上升；第二，获得政府补贴的企业，无论融资约束水平高低对外直接投资生产率准入门槛普遍上升；第三，融资约束居中的资本密集型企业的生产率准入门槛显著降低；第四，企业的技术密集度不会改变融资约束对生产率准入门槛的影响。

最后，外部金融发展水平会改变融资约束对对外直接投资生产率准入门槛的影响，表现在：第一，金融规模扩大以及金融效率提升都会使不同融资约束水平上的企业进行对外直接投资的生产率准入门槛上升；第二，金融结构优化提高融资约束中等水平企业对外直接投资的生产率准入门槛。另外，金融发展水平上升主要是通过提高企业生产率的方式间接地提高了对外直接投资生产率准入门槛。

二、融资约束对企业对外直接投资区位选择的影响

对对外直接投资区位选择的理论研究是基于不同区位消费者对差异化产品的偏好以及在不同区位生产差异化产品时的成本差异。高收入国家代表了对差异化产品偏好较强的区位，低收入国家代表了对差异化产品偏好较弱的区位。理论分析表明融资约束的存在降低了企业向高收入国家或者低收入国家直接投资的可能性，提高了对外直接投资的生产率门槛。高收入国家往往拥有较高的金融发展水平，融资环境更优。以金融自由化程度来反映金融发展水平，从东道国角度进行的研究表明，优越的融资条件可以缓解融资约束，提高一国的投资吸引力。具体而言：第一，在金融自由化水平较高的东道国，中国企业跨国并购的概率和次数会增加，但是并购交易的平均规模和总规模没有显著扩大。第二，东道国金融自由化会产生融资效应，融资效应主要提高了中国企业跨国并购的概率和次数，没有显著提高跨国并购的规模。第三，东道国的制度质量因素对融资效应具有重要的影响。在跨国并购的扩展边际上，东道国的法治水平越高、腐败程度越低、政府越有效率、信贷规模越大，金融自由化的融资效应越强。相反，东道国经济开放度提高会削弱金融自由

化的融资效应。在跨国并购的集约边际上，除腐败程度外，其他制度质量和经济因素对融资效应的影响并不显著。在腐败程度高的东道国，金融自由化不但没有产生融资效应，反而会恶化融资环境。当东道国腐败控制力度较强时，金融自由化才能产生显著的融资效应，促进并购规模的扩大。

三、融资约束对企业对外直接投资价值链延伸的影响

本书根据经营活动范围在"微笑曲线"上的位置，将中国企业对外直接投资的价值链链节选择细分为商贸服务类、生产类、研发设计类、资源类和混合类。在此基础上，利用中国工业企业数据的实证检验主要得到以下结论：

首先，融资约束对对外直接投资价值链升级的基本影响在于：第一，融资约束对所有价值链链节上的对外直接投资活动都具有显著的抑制作用。第二，商贸服务类对外直接投资与生产类对外直接投资，是中国企业对外直接投资涉及最广泛的活动，融资约束对这两类投资活动影响程度没有显著的差异。第三，融资约束对价值链链节选择的影响会随对外直接投资目的国发生变化。如果投资目的国为高收入国家融资约束对任何价值链链节上的投资都具有显著的抑制作用；如果投资目的国为低收入国家，则对生产类、研发设计类和资源类以及混合类投资具有显著的抑制作用；投资目的国既有高收入国家又有低收入国家时，融资约束对商贸服务类和研发设计类投资活动具有显著的负向作用

其次，基于企业特征的检验显示：第一，在所有价值链链节的投资中，私有企业总属于面临融资约束较大的一组，外资企业和港澳台企业则是融资约束较小的一组。第二，政府给予的补贴只对生产类对外直接投资的融资约束具有缓解作用。对于其他价值链链节上的对外直接投资，政府补贴主要是通过间接地促进企业生产率的方式来发挥促进作用。

最后，金融发展的影响主要表现在：第一，金融规模扩大会降低生产类外直接投资和资源类对外直接投资面临的融资约束，但是商贸服务类和研发设计类对外直接投资的融资约束会增强。第二，金融结构优化会使资源类对外直接投资面临的融资约束显著减弱，其他价值链链节投资的融资约束没有显著变化。第三，金融效率提高同样会使资源类对外直接投资中融资约束的抑制作用显著减弱，商贸服务类对外直接投资中融资约束的抑制作用增强，

生产类和混合类对外直接投资的融资约束没有发生显著变化。

第二节 对 策 建 议

与许多新兴市场国家的企业类似，在参与全球市场竞争的过程中，大部分中国企业尚依靠低劳动力成本优势或者技术灵活性优势，缺乏品牌和先进的技术优势。为了获得那些难以跨国流动的战略性资产，特别是在技术密集型产业中，进行了一系列激进的跨国投资和并购，但是境外市场经验少、人才缺乏、管理技能缺乏以及融资难等成为中国企业"走出去"的巨大障碍。本章通过理论分析及实证检验，剖析了中国企业对外直接投资过程中面临的融资约束问题及其造成的影响。根据研究所得结论本书提出以下的对策建议，以更好地促进中国企业参与国际化，整合全球资源，并推动中国经济发展和产业结构调整。

一、完善金融法律制度、加快征信体系建设

虽然对外直接投资是企业发展到一定阶段，出于寻求更广阔的市场、规避贸易壁垒、提高生产效率等动机而发生的市场行为，但是政府依然可以在其中扮演重要的角色，成为企业对外直接投资的推动者和规划者，通过一系列的政策和措施引导对外直接投资健康、有序地进行，不但为"走出去"提供政策指导和支持，也为企业"走出去"后的成功经营提供必要的支持和帮助。以"走出去"战略为依据，中国政府制定了一系列境外投资的支持政策，主要包括专项资金支持、基金支持、税收优惠和信贷支持等。随着中国企业大规模对外直接投资时代的到来，不断完善和增加此类投资支持政策，将有助于更多的企业走出去，更深度地融入全球分工体系。

第一，不断完善支持企业发展的金融法律制度。完善的金融法律体系将有利于所有企业的发展和成长，培育出更多具有世界竞争力的企业，从而增强中国企业在世界市场上的整体竞争力，促进对外直接投资的发展，尤其是在那些对外部融资依赖度较高的行业中，融资优势将转化为企业的竞争优势。

第二，加强对债权人和信贷人的法律保护。私有财产保护和信贷人权力

保护是影响企业融资环境的重要因素，但是中国在该方面的法律保障还远落后于世界其他国家。如果将世界 189 个国家按照抵押和破产法促进贷款的程度划分为高、中、低三个层次，中国仍然位于最低层次。① 国家需要建立并完善针对市场主体的失信惩罚机制增强企业的信用意识，创造良好的金融环境。此外，建立高效的破产制度，使债权人能够快速处理不良债权，保证债权人的合法利益。

第三，完善贷款抵押担保法律和制度、促进担保机构健康发展。抵押担保是影响企业融资的重要因素，国家应加强和完善抵押、质押、担保方式的法律建立，完善实施细则，促进抵押、质押方式多样化。同时，建立统一的财产抵押登记体系，以及抵押拍卖、转让市场，促进金融机构对抵押物处置的自主性、独立性和市场化。

第四，针对对外直接投资企业，完善外汇管理体制、加强对对外直接投资的外汇支持力度以及税收支持。简化资金来源审查，扩大境内企业对外直接投资的资金来源；放宽资金来源审查权限，提高资金来源审查效率；提高企业在对外直接投资项目中灵活处理费用的权限，并健全和完善对外直接投资项目下资金跨境出入的检测机制。为对外直接投资企业提供税收支持。为对外直接投资企业提供税收激励，制定和实施境外税收抵免制度。完善国际税收协定网络，为对外直接投资企业提供税收权益保障。

第五，加快和增强征信体系建设。信息不对称是造成金融摩擦、形成融资约束的重要原因，从理论和实践看，完善社会征信体系、增强信用担保保障力度是有效提高企业融资能力、提高信贷配置的两大类措施。一方面，信息服务具有外溢性；另一方面，信息收集需要大量的专业人员及资金投入。因此，由政府主导社会征信体系建设有利于协同各机构组织、企业等的关系，将分散的信息汇总集中，建立覆盖全国企业的信息共享系统。在政府主导的征信体系之外，还应大力发展资信调查和信用评级中介机构，目前中国尚缺乏这种专业的、权威的、具有世界影响力的评级机构。在增强企业信用担保方面则要加强政策性担保机构、商业性担保机构以及担保机构的建设与完善。政策性担保机构通过自身经营扩充资本的能力有限，因此，政府应加强对政策性担保机构的扶持，通过减免税、资本注入、无偿资助等方式促进政策性

---

① 世界银行：《2016 年营商环境报告》。

担保机构的发展。商业性担保机构的进一步完善和发展则需要规范的法规进行行业约束、加强监管，提高商业性担保机构的规范性。此外，创新担保模式，建立高水平、高公信力的再担保公司也是完善信用担保体系建设的重要内容。

二、促进金融发展，拓宽融资渠道

金融发展水平的高低影响企业对外直接投资的空间，因此，促进金融发展，为企业营造简单、一致和宽松的融资环境有利于对外直接投资，并降低对外直接投资不同模式的相对成本。研究显示，金融发展对对外直接投资的促进作用存在门限效应，只有金融水平发展到一定程度才能有效地促进对外直接投资及其对母国的正向效应（李梅，2014）。对于金融发展本章提出以下的对策建议：

首先，建立布局合理、具有强大辐射带动能力的不同层次的金融中心。金融中心应该具有很强的规模经济效应，充分聚集其所辐射范围内的金融资源，降低交易成本和融资成本，促动地区经济发展和金融发展，并为企业的对外直接投资提供更好的融资服务。在这个过程中，大中型银行可以发挥重要的作用。由于企业融资依然以银行贷款为主，目前中国的中小银行还处于改革发展阶段，因此，大中型商业银行在企业融资中的作用依然很重要。

其次，完善资本市场体系，疏通直接融资渠道。中国的资本市场发展相对滞后，企业通过直接融资获得资金支持仍然存在较大困难。中国的股票市场规模和债券市场规模较小，对企业资本形成的帮助有限。应该疏通企业直接融资的渠道，降低企业进入资本市场的门槛，建立健全监督机制。特别是中国企业过去以劳动密集型产业为主，现在逐步转向多领域、多产业的综合产业形态，尤其是其中的高新技术产业、服务业等都具有商业模式不成熟、轻资产、高风险的特点，在获取传统的银行贷款融资方面存在劣势。以创业板、私募股权、风险投资以及私募债券等为代表的直接融资体系更加符合这类企业的融资需求（吕劲松，2015）。政府在促进直接融资体系建设的同时，应加强分析监控，防止直接融资的羊群效应和泡沫化带来的风险。

最后，优化金融结构、提高金融效率。金融结构优化程度是金融发展水平高低的重要衡量尺度，但是中国的金融发展存在"重总量扩张、轻结构优化"的特征,主要表现在大银行长期占据垄断地位,中小银行发展相对滞后,而中小企业作为主要企业类型面临从大银行贷款难的困境。中国的银行业结构与中小企业的融资需求不匹配,反映了中国的金融结构无法很好地适应实体经济的发展的事实,随着金融总量的不断积累,金融结构问题将成为中国金融体系改革的重点。另外,2001 年后金融发展上注重大银行,出现了银行强、股市弱的金融结构,金融结构发展不平衡造成股市发展对企业发展的贡献率较低(鞠晓生等,2015)。以金融规模为主的金融发展模式对实体经济发展的推动作用有限,尤其是金融资产膨胀可能催生资产泡沫,导致金融资本脱离实体经济。就对外直接投资而言,本书的研究表明中国的金融结构、金融效率在服务中国企业对外直接投资活动中同样尚未充分发挥积极作用。金融改革应打破银行业中大银行的垄断局面,大力发展中小银行,鼓励和促进金融机构竞争,形成大银行与小银行、传统国有银行与新兴商业银行、中资银行与外资银行之间相互竞争、互为补充的格局,提高资源配置效率,增强风险控制,改善中小企业融资条件(姚耀军和董钢锋,2015;唐清泉和巫岑,2015)。

此外,向民间资本开放金融市场,加强和完善政府监督,引导民间资本与国有银行、大银行等开展平等有序的竞争,促进民间金融规范化、合法化,为企业发展增添助力。在中国民间资本供给充足,但是由于对民间资本的监管缺乏一套成熟有效的体系,使得大多数民间资本处于游离状态。建立健全民间资本的市场准入制度,使其在经济活动中享有与国有资本、外部资本对等的地位和待遇。规范民间资本的市场退出机制,消除非正常退市带来的负面影响,保障民间资本的权益,维护市场交易秩序。对于民间资本的创新活动应采取中性的政策,建立消极、审慎的监管体系,为其发展给予一定的空间,同时提高监管活动的透明化、制度化的程度,在"依法治国"的基本方略下,对民间资本的活动进行监管(胡海涛和李俊然,2016)。

三、推进金融市场改革,营造公平的融资环境

首先,消除基于所有制、规模等的融资歧视。非国有企业已经成为中国对外直接投资中的主力,却面临比国有企业更大的融资约束,制约了企业"走出去"的能力,因此,营造公平的融资环境,消除基于所有制、规模等

的融资歧视对未来中国企业境外扩张极为重要。金融市场不完全造成的融资约束应当适用于所有企业，在中国民营企业与国有企业之间的融资约束差异在很大程度上反映了金融市场存在严重的分割问题，而非完全由金融市场发育不足所导致。这种金融市场分割不利于金融资源的有效配置，人为制约了民营企业、小企业的发展，低效率的国有企业占据过多的金融资源导致资源浪费和配置扭曲。因此，打破金融分割，消除基于所有制和规模等的融资歧视对于更多高效率企业，尤其是民营企业和中小企业"走出去"开拓国际市场极其重要。

其次，完善对外直接投资融资政策。以境外并购为例，中国早期是禁止并购贷款的，《贷款通则》规定银行贷款不得用于权益性投资，境外并购正属于权益性投资。随着并购成为资本市场重要的资本重组途径，中国政府渐渐罚款了并购贷款的限制，但是对于并购贷款的金额仍有限制，即原则上并购贷款金额不得高于并购股权对价款的50%。实际操作中国有银行向企业发放并购贷款需要经中国银保监会特批后才能放款，借款人仅限于拥有财务公司的大企业集团或者政府投资公司，使得民营企业和中小企业基本被排除在并购贷款之外。而且政府对对外直接投资的支持在不同的企业和产业间也存在差异，对于对外直接投资的重点项目给予政策优惠，对于大多数民营企业和中小企业而言重点项目可能与之无缘，而且在获得低息或者无息贷款或者外汇等方面相比国有企业也处于劣势。另外，由于缺乏风险分担机制，商业银行对于经济风险和政治风险较高地区的对外直接投资项目往往不愿放贷。股权性投资由于没有得到法律的明确认可，缺乏系统的政策支持，也会遭遇融资难。2014年国家外汇管理局出台《跨境担保外汇管理规定》，取消了内保外贷的数量控制，简化了境外主体资格审查程序，取消了担保履约核准，有助于企业解决对外直接投资中的融资问题。设立政策性担保公司为对外直接投资企业境外融资提供保障，提高金融机构放款意愿、降低放款风险，将促进中国企业对外直接投资。

四、提升金融服务水平、加快金融机构国际化

首先，中国的金融机构需要不断探索支持企业"走出去"的服务模式，不断丰富金融产品。目前，在融资方面，金融机构提供的业务主要包括出口

信贷、境外投资贷款、并购贷款、内保外贷、对外承包工程贷款和银团贷款等。在服务模式上则实施"跟随战略"（周旋和綦建红，2014）。

其次，金融机构自身"走出去"，加快境外布局。这将使得对外直接投资企业获得更全面的金融支持，融资更加便利，也有助于商业银行控制自身的风险。

最后，提升金融机构的国际化水平。目前中资银行的国际化发展程度就较低，尚未能与国际惯例完全接轨，制约了服务对外直接投资企业的能力。中资银行对中国对外直接投资企业的信用评级资料无法与境外金融机构实现有效共享，至少境外子公司无法享受母公司的信用资源，限制了企业的融资能力、增加了融资成本。中资银行间存在同质化竞争，金融产品、业务种类和客户群体相似度高，难以满足不同类型企业走出去的资金需求。金融企业自身走出去也存在较大难度，例如，缺乏国际化人才，境外网点少、规模小，网点设置与企业对外直接投资的主要区位存在错配等。另外，由于全球经济持续低迷，金融保护主义抬头，使得中资金融机构难以在境外开展正常的经营管理和落实重大项目的贷款管理工作，进一步制约了金融机构服务企业对外直接投资的能力。监管部门应采取对等原则，为中国金融机构境外扩张营造良好的监管环境，反对金融保护主义。

从制度经济学的视角看，宏观层面政府之间的竞争表现为制度竞争，取得制度优势是竞争的核心。[1] 在国际市场上，企业的竞争优势不但来源于自身的特征，还来源于政府为微观主体提供的制度环境以及政府的绩效。健全高效的金融体系正是一个国家竞争优势的重要体现。

五、提高企业竞争力、完善公司治理结构

企业是对外直接投资的主体，在"走出去"的过程中企业自身的努力也很重要。

首先，企业应遵循"市场动机"原则，选择恰当的对外直接投资时机和市场进入方式，切忌盲目跟进。在以对外直接投资方式进入境外市场前，应

---

[1] 政府在国际竞争中获得的制度优势是微观企业竞争优势的基础，详情请参阅张小蒂、王焕祥：《制度竞争优势：从比较优势到竞争优势》，载于《学术月刊》2003 年第 9 期。

当做好投资规划，充分了解境外市场特征，了解东道国政治、文化、法律法规，储备境外经营管理人才，提高跨国经营管理的能力，提高对外直接投资的成功概率，避免大量的投资资金付诸东流。

其次，企业应注重培育自身的竞争力。具有一定的国际竞争力是企业"走出去"的先决条件，只有具有了一定竞争力，企业才可能通过对外直接投资进一步增强增强自身的实力。因此，企业在走出去进行对外直接投资之前，就应当通过改进经营管理、进行技术创新等建立自身的核心竞争力。一个在国内市场上拥有较强竞争力的企业同样会受到金融机构的青睐，在对外直接投资融资过程中获得更多支持。

最后，企业应注重公司治理，规范企业管理。良好的公司治理能够抑制内部人的机会主义行为，减少控股股东或者管理者为自身利益而进行的融资行为。企业融资政策的变化则会影响到企业的融资成本。有研究表明通过降低信息不对称、减少小股东的风险，公司治理可以改善企业的融资条件、降低融资成本（肖作平，2007）。此外，在中国企业的信用体系建设还是企业管理中较为薄弱的环节。由于信用体系建设不健全，企业在融资过程中与银行等金融机构之间存在较大的信息盲区，加重了金融摩擦。只有不断规范自身的经营管理活动、健全财务管理体系、完善公司治理、消除信息不对称才能提高企业获得融资的能力。

第三节 未来研究展望

受到数据可得性和作者学术水平的限制，本书还存在不足之处，希望在未来的研究中将这些问题进行完善。具体包括以下几个方面：

第一，完善融资约束影响中国企业对外直接投资的理论基础。与欧美高收入国家不同，中国的对外直接投资和金融发展都还处于成长阶段，无论是在对外直接投资理论方面还是实践方面都具有不同于高收入国家和其他新兴市场国家的特征。如何在异质性企业模型的框架下更加深刻地解释中国企业的对外直接投资现象，以及融资约束在其中发挥的作用，是未来需要拓展的一个方向。

第二，进一步更新研究的时效性。本书使用的数据是通过《中国工业企业数据库》与对外直接投资企业名录匹配而来，在匹配的过程中难免损失一些企业的信息，给研究结论的普适性带来一定的影响。不断完善数据范围，提高研究结论的参考价值将是深入本研究的重要方面。

第三，对非工业企业对外直接投资的研究是未来研究的重要方向之一。本书只研究了工业企业对外直接投资中的融资约束问题，事实上，服务业企业对外直接投资也呈现出不断上升的趋势。服务业企业由于规模小、经营分散、抵押能力差的因素在对外直接投资过程中可能面临更大的融资约束。理解融资约束对中国服务业走出去的影响具有重要的意义和价值，也是本书未来的研究方向。

第四，拓展和完善研究领域。首先，将研究拓展到融资约束对境外市场进入模式的影响；其次，研究东道国金融发展水平对中国企业对外直接投资的影响；最后，融资约束对对外直接投资母国效应的影响。

参考文献

［1］陈创练、庄泽海、林玉婷：《金融发展对工业行业资本配置效率的影响》，载于《中国工业经济》2016 年第 11 期。

［2］陈菲琼、虞旭丹：《企业对外直接投资对自主创新的反馈机制研究：以万向集团 OFDI 为例》，载于《财贸经济》2009 年第 3 期。

［3］陈继勇、王保双、蒋艳萍：《企业异质性、出口国内附加值与企业工资水平——来自中国的经验证据》，载于《国际贸易问题》2016 第 8 期。

［4］陈岩、翟瑞瑞、韩文征：《国际化战略、逆向技术溢出与企业成长——整合资源与制度视角的中国企业经验分析》，载于《科研管理》2014 年第 6 期。

［5］戴翔：《“走出去”促进我国本土企业生产率提升了吗?》，载于《世界经济研究》2016 年第 2 期。

［6］高越、李荣林：《异质性、分割生产与国际贸易》，载于《经济学（季刊）》2008 年第 1 期。

［7］郭娜：《政府？市场？谁更有效——中小企业融资难解决机制有效性研究》，载于《金融研究》2013 年第 3 期。

［8］韩乾、袁宇菲、吴博强：《短期国际资本流动与我国上市企业融资成本》，载于《经济研究》2017 年第 6 期。

［9］韩剑、王静：《中国本土企业为何舍近求远：基于金融信贷约束的解释》，载于《世界经济》2012 年第 1 期。

［10］何光辉、杨咸月：《融资约束对企业生产率的影响——基于系统 GMM 方法的国企与民企差异检验》，载于《数量经济技术经济研究》2012 年第 5 期。

［11］黄汉民、郑先勇：《大国崛起中的贸易政策取向及对中国贸易政策启示——基于制度质量视角的思考》，载于《国际贸易》2010 年第 10 期。

[12] 胡海涛、李俊然：《我国民间资本监管体制的合理设计——美国次贷危机产权机理及其对我国的启示》，载于《河北经贸大学学报》2016 年第 5 期。

[13] 蒋冠宏：《我国企业对外直接投资的异质性及对我国经济发展和产业结构的微观影响》，南开大学博士论文，2014 年。

[14] 蒋冠宏：《企业异质性和对外直接投资——基于中国企业的检验证据》，载于《金融研究》2015 年第 12 期。

[15] 蒋冠宏、蒋殿春：《中国对发展中国家的投资——东道国制度重要吗?》，载于《管理世界》2012 年第 11 期。

[16] 解维敏、方红星：《金融发展、融资约束与企业研发投入》，载于《金融研究》2011 年第 5 期。

[17] 鞠晓生、卢荻、黄朝峰：《正规金融体系改革、内部资金乘数效应与中国企业总资产增长——以 1994 ~ 2011 年中国上市公司数据为例》，载于《经济学（季刊)》2015 年第 1 期。

[18] 李春顶、赵美英：《出口贸易是否提高了我国企业的生产率? ——基于中国 2007 年制造业企业数据的检验》，载于《财经研究》2010 年第 4 期。

[19] 李广子、刘力：《债务融资成本与民营信贷歧视》，载于《金融研究》2009 年第 12 期。

[20] 李磊、包群：《融资约束制约了中国工业企业的对外直接投资吗?》，载于《财经研究》2015 年第 6 期。

[21] 李梅：《金融发展、对外直接投资与母国生产率增长》，载于《中国软科学》2014 年第 11 期。

[22] 李燕、李应博：《对外直接投资技术溢出与科技进步关系研究》，载于《科研管理》2015 年第 12 期。

[23] 李志远、余淼杰：《生产率、信贷约束与企业出口：基于中国企业层面的分析》，载于《经济研究》2013 年第 6 期。

[24] 林毅夫、李志赟：《政策性负担、道德风险与预算软约束》，载于《经济研究》2004 年第 2 期。

[25] 刘斌、王杰、魏倩：《对外直接投资与价值链参与：分工地位与升级模式》，载于《数量经济技术经济研究》2015 年第 12 期。

[26] 刘海洋、孔祥贞、古宇：《中国企业通过什么途径缓解了出口融资约束》，载于《财贸经济》2013 年第 6 期。

[27] 刘海云、聂飞：《中国制造业对外直接投资的空心化效应研究》，载于《中国工业经济》2015 年第 4 期。

[28] 刘洪铎：《金融发展、企业研发融资约束缓解与全要素生产率增长——来自中

国工业企业层面的经验证据》，载于《南方金融》2014 年第 1 期。

［29］刘军：《企业异质性与 FDI 行为：理论研究进展综述》，载于《国际贸易问题》2015 年第 5 期。

［30］刘莉亚、程天笑、关益众等：《资本管制能够影响国际资本流动吗?》，载于《经济研究》2013 年第 5 期。

［31］刘莉亚、何彦林、王照飞等：《融资约束会影响中国企业对外直接投资吗?》，载于《金融研究》2015 年第 8 期。

［32］刘晓光、杨连星：《双边政治关系、东道国制度环境与对外直接投资》，载于《金融研究》2016 年第 12 期。

［33］陆磊、杨骏：《流动性、一般均衡与金融稳定的"不可能三角"》，载于《金融研究》2016 年第 1 期。

［34］鲁万波、常永瑞、王叶涛：《中国对外直接投资、研发技术溢出与技术进步》，载于《科研管理》2015 第 3 期。

［35］陆正飞、祝继高、樊铮：《银根紧缩、信贷歧视与民营上市公司投资者利益损失》，载于《金融研究》2009 年第 8 期。

［36］罗长远、陈琳：《融资约束导致劳动收入份额下降吗？——基于世界银行提供的中国企业数据的实证研究》，载于《金融研究》2012 年第 3 期。

［37］吕劲松：《关于中小企业融资难、融资贵问题的思考》，载于《金融研究》2015 年第 11 期。

［38］吕越：《金融市场不完全、融资异质性与中国企业国际化》，南开大学博士论文，2014 年。

［39］吕越、罗伟、刘斌：《异质性企业与全球价值链嵌入：基于效率和融资的视角》，载于《世界经济》2015 年第 8 期。

［40］马淑琴、王江杭：《融资约束与异质性企业出口前沿研究评述》，载于《国际贸易问题》2014 年第 11 期。

［41］孟醒、董有德：《社会政治风险与我国企业对外直接投资的区位选择》，载于《国际贸易问题》2015 年第 4 期。

［42］裴长洪、樊瑛：《中国企业对外直接投资的国家特定优势》，载于《中国工业经济》2010 年第 7 期。

［43］綦建红、李丽、杨丽：《中国 OFDI 的区位选择：基于文化距离的门槛效应与检验》，载于《国际贸易问题》2012 年第 12 期。

［44］綦建红、杨丽：《中国 OFDI 的区位决定因素——基于地理距离与文化距离的检验》，载于《经济地理》2012 年第 12 期。

［45］钱学锋、王菊蓉、黄云湖等：《出口与中国工业企业的生产率——自我选择效

应还是出口学习效应?》，载于《数量经济技术经济研究》2011 年第 2 期。

［46］任曙明、吕镯：《融资约束，政府补贴与全要素生产率——来自中国装备制造企业的实证研究》，载于《管理世界》2014 年第 11 期。

［47］石晓军、张顺明：《商业信用、融资约束及效率影响》，载于《经济研究》2010 年第 1 期。

［48］孙灵燕、李荣林：《融资约束限制中国企业出口参与吗?》，载于《经济学（季刊)》2011 年第 11 期。

［49］孙晓华、王昀、徐冉：《金融发展、融资约束缓解与企业研发投资》，载于《科研管理》2015 年第 5 期。

［50］田巍、余淼杰：《企业生产率和企业"走出去"对外直接投资：基于企业层面数据的实证研究》，载于《经济学（季刊)》2012 年第 2 期。

［51］唐清泉、巫岑：《银行业结构与企业创新活动的融资约束》，载于《金融研究》2015 年第 7 期。

［52］汤晓军、张进铭：《企业异质性与对外直接投资决策——基于中国制造业百强企业的分析》，载于《江西社会科学》2013 年第 1 期。

［53］王碧珺、谭语嫣、余淼杰等：《融资约束是否抑制了中国民营企业对外直接投资》，载于《世界经济》2015 年第 12 期。

［54］王方方、赵永亮：《企业异质性与对外直接投资区位选择——基于广东省企业层面数据的考察》，载于《世界经济研究》2012 年第 2 期。

［55］文东伟、冼国明：《企业异质性、融资约束与中国制造业企业的出口》，载于《金融研究》2014 年第 4 期。

［56］王丽、张岩：《对外直接投资与母国产业结构升级之间的关系研究——基于 1990~2014 年 OECD 国家的样本数据考察》，载于《世界经济研究》2016 年第 11 期。

［57］王恕立、李龙：《外向 FDI 影响中国自主创新的机制及实证检验》，载于《世界经济研究》2012 年第 7 期。

［58］王恕立、汪思齐、肖德云：《发展中国家对外直接投资对母国技术进步的影响：研究综述》，载于《技术经济》2010 年第 12 期。

［59］王忠诚、薛新红、张建民：《融资约束、融资渠道与企业对外直接投资》，载于《金融经济学研究》2017 年第 1 期。

［60］王忠诚、薛新红、张建民：《东道国金融发展对中国企业对外直接投资的影响：二元边际与生产率门槛》，载于《南方经济》2018 年第 3 期。

［61］肖作平：《公司治理和融资政策的关系研究综述》，载于《证券市场导报》2007 年 8 月。

［62］徐康宁、陈健：《跨国公司价值链的区位选择及其决定因素》，载于《经济研

究》2008 年第 3 期。

［63］徐清：《金融发展、生产率与中国企业对外直接投资》，南开大学博士论文，2014 年。

［64］薛新红、王忠诚、张华容：《对外直接投资、生产率准入门槛与信贷约束》，载于《山西财经大学学报》2017 年 10 期。

［65］严兵、张禹、李雪飞：《中国企业对外直接投资的生产率效应——基于江苏省企业数据的检验》，载于《南开经济研究》2016 年第 4 期。

［66］阳佳余：《融资约束与企业出口行为：基于工业企业数据的经验研究》，载于《经济学（季刊）》2012 年第 3 期。

［67］姚耀军、董钢锋：《中小企业融资约束缓解：金融发展水平重要抑或金融结构重要？——来自中小企业板上市公司的经验证据》，载于《金融研究》2015 年第 4 期。

［68］游宇、黄宗晔：《资本管制对融资结构和经济增长的影响》，载于《金融研究》2016 年第 10 期。

［69］于洪霞、龚六堂、陈玉宇：《出口固定成本融资约束与企业出口行为》，载于《经济研究》2011 年第 4 期。

［70］余明桂、回雅甫、潘红波：《政治联系，寻租与地方政府财政补贴有效性》，载于《经济研究》2010 年第 3 期。

［71］俞萍萍、赵永亮：《东道国制度质量对中国企业跨国并购区位选择的影响》，载于《国际经贸探索》2015 年第 10 期。

［72］约瑟夫·克拉林格：《兼并与收购：交易管理》，陆猛、兰光、周旭东译，中国人民大学出版社 2000 年版。

［73］张弛、余鹏翼：《制度距离对中国企业跨国并购绩效影响的差异性——基于水平与垂直并购的比较》，载于《国际经贸探索》2017 年第 2 期。

［74］张华容、王晓轩、黄漫宇：《心理距离对中国 OFDI 区位选择的影响研究》，载于《宏观经济研究》2015 年第 12 期。

［75］张杰、刘元春、翟福昕等：《银行歧视、商业信用与企业发展》，载于《世界经济》2013 年第 9 期。

［76］张杰、芦哲、郑文平等：《融资约束，融资渠道与企业 R&D 投入》，载于《世界经济》2012 年第 10 期。

［77］张小蒂、王焕祥：《制度竞争优势：从比较优势到竞争优势》，载于《学术月刊》2003 年第 9 期。

［78］赵伟、古广东、何元庆：《外向 FDI 与中国技术进步：机理分析与尝试性实证》，载于《管理世界》2006 年第 7 期。

［79］钟宁桦、刘志阔、何嘉鑫等：《我国企业债务的结构性问题》，载于《经济研

究》2016 年第 7 期。

［80］周茂、陆毅、陈丽丽：《企业生产率与企业对外直接投资进入模式选择——来自中国企业的证据》，载于《管理世界》2015 年第 11 期。

［81］周旋、綦建红：《追随客户假说在我国银行业对外直接投资中的适用性检验——基于我国 23 家大型商业银行面板数据（2000—2011）的分析》，载于《上海金融》2014 年第 4 期。

［82］朱红军、何贤杰、陈信元：《金融发展、预算软约束与企业投资》，载于《会计研究》2006 年第 10 期。

［83］宗芳宇、路江涌、武常岐：《双边投资协定、制度环境和企业对外直接投资区位选择》，载于《经济研究》2012 年第 5 期。

［84］邹玉娟、陈漓高：《我国对外直接投资与技术提升的实证研究》，载于《世界经济研究》2008 年第 5 期。

［85］Aghion, P., Fally, T., Scarpetta, S.. Credit Constraints As a Barrier to the Entry and Post-Entry Growth of Firms. *Economic Policy*, 2007, 22 (52): 732 – 779.

［86］Ahn, J. B., Amiti, M., Weistein, D. E.. Trade Finance and the Great Trade Collapse. *American Economic Review: Papers and Proceedings*, 2011 (101): 298 – 302.

［87］Alfaro, L., Chari, A., Kanczuk F.. The Real Effects of Capital Controls: Firm-Level Evidence from a Policy Experiment. *Journal of International Economics*, 2017 (108): 191 – 210.

［88］Akerlof, G. A.. The Market for "Lemons": Quality Uncertainty and the Market Mechanism. *Quarterly Journal of Economics*, 1970, 84 (3): 488 – 500.

［89］Al-Kaabi, M., Demirbag, M., Tatoglu, E.. International Market Entry Strategies of Emerging Market MNEs: A Case Study of Qatar Telecom. *Journal of East-West Business*, 2010, 16 (2): 146 – 170.

［90］Allen, F., Qian, J., Qian, M.. Law, Finance, and Economic Growth in China. *Journal of Financial Economics*, 2005, 77 (1): 57 – 116.

［91］Amiti, M., Weinstein, D. E.. Exports and Financial Shocks. *The Quarterly Journal of Economics*, 2011, 126 (4): 1841 – 1877.

［92］Andersson, T., Svensson, R.. Entry Modes for Direct Investment Determined by the Composition of Firm-specific Skills. *The Scandinavian Journal of Economics*, 1994, 96 (4): 551 – 560.

［93］Antràs, P., Caballero, R. J.. Trade and Capital Flows: A Financial Frictions Perspective. *Journal of Political Economy*, 2009 (4): 701 – 744.

［94］Antras, P., Desai, M A., Foley, C. F.. Multinational Firms, FDI Flows, and Imperfect Capital Markets. *The Quarterly Journal of Economics*, 2009, 124 (3): 1171 – 1219.

［95］Antras，P.，Foley，C. F.. *Poultry in Motion*： *A Study of International Trade Finance Practices*. NBER Working Paper No. 17091，2011.

［96］Arteta，C.，Eichengreen，B.，Wypolsz，C.. When Does Capital Account Liberalization Help More Than It Hurts? *Journal of Finance*，2003（58）：2667 – 2710.

［97］Aulakh，P. S.，Kotabe，M.. Antecedents and Performance Implications of Channel Integration in Foreign Markets. *Journal of International Business Studies*，1997，28（1）：145 – 175.

［98］Bai，J.，Carvalho，D. R.，Phillips G. M.. *The Impact of Bank Credit on Labor Reallocation and Aggregate Industry Productivity*. Working Papers，2015.

［99］Bai，C. E.，Lu，J.，Tao，Z.. Property Rights Protection and Access to Bank Loans. *Economics of Transition*，2006，14（4）：611 – 628.

［100］Barro，R.，Martin，S. I.. *Economic Growth*. Cambridge：The MIT Press，1995.

［101］Beck，T.，Demirgüç-Kunt，A.，Maksimovic，V.. Financial and Legal Constraints to Growth：Does Firm Size Matter? *The Journal of Finance*，2005，60（1）：137 – 177.

［102］Beck，T.，Levine，R.，Loayza，N.. Finance and the Sources of Growth. *Journal of Financial Economics*，2000，58（1）：261 – 300.

［103］Bekaert，G.，Harvey，C R.，Lundblad，C.. Does Financial Liberalization Spur Growth? *Journal of Financial Economics*，2005，（1）：3 – 55.

［104］Bellone，F.，Musso，P.，Nesta，L.，et al.. Financial Constraints and Firm Export Behaviour. *The World Economy*，2010，33（3）：347 – 373.

［105］Bernard，A. B.，Eaton，J.，Jensen，J. B.，et al.. Plants and Productivity in International Trade. *The American Economic Review*，2003，93（4）：1268 – 1290.

［106］Bernard，A. B.，Jensen，J. B.，Redding，S. J.，et al.. Firms in International Trade. *The Journal of Economic Perspectives*，2007，21（3）：105 – 130.

［107］Bilir. K.，Chor，D.，Manova，K.. *Host Country Financial Development and Multinational Activity*. mimeo，revised version，March，2017

［108］Bilir，K.，Chor，D.，Manova，K.. *Host-country Financial Development and Multinational Activity*. NBER Working Paper No. 20046，2014.

［109］Brouthers，K. D.. Institutional，Cultural and Transaction Cost Influences on Entry Mode Choice and Performance. *Journal of International Business Studies*，2002，33（2）：203 – 221.

［110］Buch，C. M.，Kesternich，I.，Lipponer，A.，et al.. *Exports Versus FDI Revisited*： *Does Finance Matter?* GESY Discussion Paper No. 340，2010.

［111］Buch，C. M.，Kesternich，I.，Lipponer，A.，et al.. Financial Constraints and Foreign Direct Investment：Firm-Level Evidence. *Review of World Economics*，2014（2）：393 – 420.

［112］Buckley，P. J.，Liu，X.. The Determinants of Chinese Outward Foreign Direct Investment. *Journal of International Business Studies*, 2009, 40 (2): 353 – 354.

［113］Butler, A W., Cornaggia, J.. Does Access to External Finance Improve Productivity? Evidence from a Natural Experiment. *Journal of Financial Economics*, 2011, 99 (1): 184 – 203.

［114］Cai, Kevin G., Outward Foreign Direct Investment: A Novel Dimension of China's Integration into the Regional and Global Economy. *China Quarterly*, 1999 (160): 856 – 880.

［115］Campa, J. M., Shaver, J. M.. *Exporting and Capital Investment*. IESE Research Paper. No D/469, 2002.

［116］Castellani, D., Giovannetti, G.. Productivity and the International Firm: Dissecting Heterogeneity. *Journal of Economic Policy Reform*, 2010, 13 (1): 25 – 42.

［117］Chaney, T.. Distorted Gravity: The Intensive and Extensive Margins of International Trade. *American Economic Review*, 2008 (98): 1707 – 1721.

［118］Chaney, T.. *Liquidity Constrained Exporters*. NBER Working Paper Series W19170, 2013.

［119］Chen, M., Guariglia, A.. Internal Financial Constraints and Firm Productivity in China: Do Liquidity and Export Behavior Make a Difference? *Journal of Comparative Economics*, 2013, 41 (4): 1123 – 1140.

［120］Chen, S. F. S., Zeng, M.. Japanese Investors' Choice of Acquisitions vs. Startups in the US: the Role of Reputation Barriers and Advertising Outlays. *International Journal of Research in Marketing*, 2004, 21 (2): 123 – 136.

［121］Chinn, M. D., Ito, H.. What Matters for Financial Development? Capital Controls, Institutions, and Interactions. *Journal of Development Economics*, 2006 (1): 163 – 192.

［122］Chinn, M. D., Ito H.. A New Measure of Financial Openness. *Journal of Comparative Policy Analysis Research and Practice*, 2008 (3): 309 – 322.

［123］Chor, D.. Subsidies for FDI: Implications from a Model with Heterogeneous Firms. *Journal of International Economics*, 2009, 78 (1): 113 – 125.

［124］Claessens, S., Feijen, E., Laeven, L.. Political Connections and Preferential Access to Finance: The Role of Campaign Contributions. *Journal of Financial Economics*, 2008, 88 (3): 554 – 580.

［125］Cleary, S.. International Corporate Investment and the Relationships between Financial Constraint Measures. *Journal of Banking and Finance*, 2006, 30 (5): 1559 – 1580.

［126］Cohen, L., Coval, J., Malloy, C.. Do Powerful Politicians Cause Corporate Downsizing? . Journal of Political Economy, 2011 (6): 1015 – 1060.

［127］Conconi, P., Sapir, A., Zanardi, M.. The Internationalization Process of Firms: From Exports to FDI. Journal of International Economics, 2016 (99): 16 – 30.

［128］Crozet, M., Head, K., Mayer, T.. Quality Sorting and Trade: Firm-level Evidence for French Wine. *Review of Economic Studies*, 2009, 79（2）: 609 – 644.

［129］Deng, P.. Outward Investment by Chinese MNCs: Motivation and Implications. *Business Horizons*, 2004, 47（3）: 312 – 341.

［130］Desai, M. A., Foley, C. F., Hines, J. R.. A Multinational Perspective on Capital Structure Choice and Internal Capital Markets. *The Journal of Finance*, 2004, 59（6）: 2451 – 2487.

［131］Desai, M. A., Foley, F. C., Hines J. R. J.. Capital Controls, Liberalizations, and Foreign Direct Investment. *The Review of Financial Studies*, 2006（4）: 1433 – 1464.

［132］Desbordes, R., Wei, S. J.. The Effects of Financial Development on Foreign Direct Investment. *Journal of Development Economics*, 2017（127）: 153 – 168.

［133］Du, J., Girma, S.. Finance and Firm Export in China. *Kyklos*, 2007, 60（1）: 37 – 54.

［134］Eaton, J., Kortum, S., Kramarz, F., Dissecting Trade: Firms, Industries, and Export Destinations. NBER Working Paper No. 10344, 2004.

［135］Eaton, J., Tamura, A.. Bilateralism and Regionalism in Japanese and U. S. Trade and Direct Foreign Investment Patterns. *Journal of the Japanese and International Economics*, 1994, 8（4）: 478 – 510.

［136］Faccio, M.. Politically Connected Firms. *The American Economic Review*, 2006, 96（1）: 369 – 386.

［137］Faccio, M., Masulis, R. W.. The Choice of Payment Method in European Mergers and Acquisitions. *Journal of Finance*, 2005（3）: 1345 – 1388.

［138］Fazzari, S. M., Athey, M. J.. Asymmetric Information, Financing Constraints, and Investment. *The Review of Economics and Statistics*, 1987: 481 – 487.

［139］Fazzari, S. M., Hubbard, R. G., Petersen, B. C., et al.. Financing Constraints and Corporate Investment. *Brookings Papers on Economic Activity*, 1988（1）: 141 – 206.

［140］Feenstra, R., Li, Z. Y., Yu, M. J.. *Exportes and Credit Constraints under Incomplete Informatin: Theory and Evidence from China*. NBER Working Paper Seires W16940, 2011.

［141］Feinberg, S. E., Keane, M. P.. *Tariff Effects on MNC Organization*. Working Paper. College Park, MD: University of Maryland, 2003.

［142］Ferrando, A., Ruggieri, A.. Financial Constraints and Productivity: Evidence from Euro Area Companies. *International Journal of Finance and Economics*, 2015, 23.

［143］Fischer, S.. Capital-Account Liberalization and the Role of the IMF, Should the IMF Pursue Capital-account Convertibility? *Princeton Essays in International Finance*, 1997（47）:

1983 – 1985, 1987 – 1988.

[144] Forbes, K. J.. One Cost of the Chilean Capital Controls: Increased Financial Constraints for Smaller Traded Firms. *Journal of Financial Economics*, 2007 (2): 294 – 323.

[145] Gatti, R., Love, I.. Does Access to Credit Improve Productivity? Evidence from Bulgaria1. *Economics of Transition*, 2008, 16 (3): 445 – 465.

[146] Gereffi, G.. International Trade and ndustrial Upgrading in the Apparel Commodity Chain. *Journal of International Economics*, 1999, 48 (1): 37 – 70.

[147] Girma, S.. Absorptive Capacity and Productivity Spillovers from FDI: a Threshold Regression Analysis. *Oxford Bulletin of Economics and Statistics*, 2005, 67 (3): 281 – 306.

[148] Greenaway, D., Guariglia, A., Kneller, R.. Financial Factors and Exporting Decisions. *Journal of Financial Economics*, 2007, 73: 377 – 395.

[149] Greenwald, B. C., Stiglitz, J. E., Weiss, A.. *Informational Imperfections in the Capital Market and Macro-economic Fluctuations*. NBER Working Paper No. 1335, 1984.

[150] Grossman, G. M., Helpman, E., Szeidl, A.. Optimal Integration Strategies for the Multinational Firm. *Journal of International Economics*, 2006, 70 (1): 216 – 238.

[151] Guariglia, A., Liu, X., Song, L.. Internal Finance and Growth: Microeconometric Evidence on Chinese Firms. *Journal of Development Economics*, 2011, 96 (1): 79 – 94.

[152] Hadlock, C. J., Pierce, J. R.. New Evidence on Measuring Financial Constraints: Moving beyond the KZ Index. *Review of Financial Studies*, 2010, 23 (5): 1909 – 1940.

[153] Harzing, A. W.. Acquisitions versus Greenfield Investments: International Strategy and Management of Entry Modes. *Strategic Management Journal*, 2002, 23 (3): 211 – 227.

[154] Hayakawa, K., Matsuura, T.. Complex Vertical FDI and Firm Heterogeneity: Evidence from East Asia. *Journal of the Japanese and International Economies*, 2011, 25 (3): 273 – 289.

[155] Head, K., Ries, J.. Heterogeneity and FDI versus Export Decision of Japanese Manufacturers. *Journal of the Japanese and International Economies*, 2003, 17 (4): 448 – 467.

[156] Helpman, E., Melitz, M., Yeaple, S. R.. Export Versus FDI. *Social Science Electronic Publishing*, 2003 (1): 300 – 316.

[157] Helpman, E., Melitz, M. J., Stephen, R. Y.. Exports Versus FDI with Heterogeneous Firms. *American Economic Review*, 2004, 94 (1): 300 – 316.

[158] Hennart, J. F., Park, Y. R.. Greenfield vs. Acquisition: The Strategy of Japanese Investors in the United States. *Management Science*, 1993, 39 (9): 1054 – 1070.

[159] Hennart, J. F., Reddy, S.. The Choice between Mergers/Acquisitions and Joint Ventures: The Case of Japanese Investors in the United States. *Strategic Management Journal*,

1997: 1 – 12.

［160］Héricourt, J., Poncet, S.. FDI and Credit Constraints: Firm-level Evidence from China. *Economic Systems*, 2009, 33 (1): 1 – 21.

［161］Herzer, D.. Outward FDI and Economic Growth. *Journal of Economic Studies*, 2010, 37 (5): 476 – 494.

［162］Hoover, K. D., Perez, S. J.. Truth and Robustness in Cross-country Growth Regressions. *Oxford Bulletin of Economics and Statistics*, 2004, 66 (5): 765 – 798.

［163］Hsu, P. H., Tian, X., Xu, Y.. Financial Development and Innovation: Cross-country Evidence. *Journal of Financial Economics*, 2014, 112 (1): 116 – 135.

［164］Humphrey, J., Schmitz, H.. Governance and Upgrading: Linking Industrial Cluster and Global Value Chain Research. IDS Working Paper, No. 120, Brighton: University of Sussex, 2000.

［165］Jaffee, D. M., Russell, T., Imperfect Information, Uncertainty, and Credit Rationing. *The Quarterly Journal of Economics*, 1976: 651 – 666.

［166］Henderson, J., Dicken, P., Martin, Hess, M., et al.. Global Production Networks and the Analysis of Economic Development. *Review of International Political Economy*, 2002, 9 (3): 436 – 464.

［167］Jensen, M. C., Meckling, W. H.. Theory of the Firm: Managerial Behavior, Agency Costs and Ownership Structure. *Journal of Financial Economics*, 1976, 3 (4): 305 – 360.

［168］Kandilov, I. T., Leblebicioǧlu, A., Petkova, N.. Cross-Border Mergers and Acquisitions: The Importance of Local Credit and Source Country Finance. *Journal of International Money and Finance*, 2017 (70): 288 – 318.

［169］Kaplan, S. N., Zingales, L.. Do Investment-cash Flow Sensitivities Provide Useful Measures of Financing Constraints? *The Quarterly Journal of Economics*, 1997, 112 (1): 169 – 215.

［170］Kaplinsky, R.. Globalisation and Unequalisation: What Can Be Learned from Value Chain Analysis? *The Journal of Development Studies*, 2000, 37 (2): 117 – 146.

［171］Katayama, S., Lahiri, S., Tomiura, E.. Cost Heterogeneity and the Destination of Japanese Foreign Direct Investment: A Theoretical and Empirical Analysis. *Japan and the World Economy*, 2011, 23 (3): 170 – 177.

［172］Keefer, P., Knack, S.. Why Don't Poor Countries Catch Up? A Cross-National Test of an Institutional Explanation. *Economic Inquiry*, 1997, 35 (3): 590 – 602.

［173］Kendall T, Ryan C. *Mergers in a Heterogeneous Firm Model*. Working Paper, Preliminary and Incomplete Version, 2007.

［174］Keuschnigg, C.. Exports, Foreign Direct Investment, and the Costs of Corporate

Taxation. *International Tax and Public Finance*, 2008, 15 (4): 460 – 477.

[175] King, R. G., Levine, R.. Finance and Growth: Schumpeter Might Be Right. *The Quarterly Journal of Economics*, 1993, 108 (3): 717 – 737.

[176] Kolstad, I., Wiig, A.. What determines Chinese outward FDI? . *Journal of World Business*, 2009 (1): 26 – 34.

[177] Kojima, K.. *Direct Foreign Investment: A Japanese Model of Multinational Business Operations*. London, Croom Helm, 1978.

[178] Kogut, B.. Joint Ventures: Theoretical and Empirical Perspectives. *Strategic Management Journal*, 1988, 9 (4): 319 – 332.

[179] Kogut, B., Chang, S. J.. Technological Capabilities and Japanese Foreign Direct Investment in the United States. *Review of Economics and Statistics*, 1991, 73 (3): 401 – 413.

[180] Kogut, B., Singh, H.. The Effect of National Culture on the Choice of Entry Mode. *Journal of International Business Studies*, 1988, 19 (3): 411 – 432.

[181] Lamont, O., Polk, C., Saaá-Requejo, J.. Financial Constraints and Stock Returns. *Review of Financial Studies*, 2001, 14 (2): 529 – 554.

[182] Lankhuizen, M., De Groot, H. L. F., Linders, G. J. M.. The Trade-Off between Foreign Direct Investments and Exports: The Role of Multiple Dimensions of Distance. *The World Economy*, 2011, 34 (8): 1395 – 1416.

[183] Larrain, M., Stumpner, S.. Capital Account Liberalization and Aggregate Productivity: The Role of Firm Capital Allocation. *The Journal of Finance*, 2017 (4): 1825 – 1857.

[184] Levine, O., Warusawitharana, M.. *Finance and Productivity Growth: Firm-level Evidence*. Available at SSRN 2023668, 2014.

[185] Manova, K.. Credit Constraints, Heterogeneous Firms, and International Trade. *The Review of Economic Studies*, 2013, 80 (2): 711 – 744.

[186] Manova, K., Wei, S. J., Zhang, Z. W.. *Firm Exports and Multinational Activity under Credit Constraints*. NBER Working Paper Series W16905, 2011.

[187] Manova, K., Yu, Z. H.. *Firms and Credit Constraints Along the Value-Aded Chain: Processing Trade in China*. NBER Working Paper Series W18561, 2014.

[188] Marin, D., Schnitzer M., When is FDI a Capital Flow? . *Social Science Electronic Publishing*, 2011, 55 (6): 845 – 861.

[189] Matsuura, T., Hayakawa, K.. *The Role of Trade Costs in FDI Strategy of Heterogeneous Firms: Evidence from Japanese Firm-level Data*. ERIA Working Papers No. DP-2012-04, 2012.

[190] Melitz, M.. The Impact of Trade on Intra-industry Reallocations and Aggregate In-

dustry Productivity. *Econometrica*, 2003, 71 (6): 1695 – 1725.

[191] Meyer, K. E., Estrin, S., Bhaumik, S. K., et al.. Institutions, Resources, and Entry Strategies in Emerging Economies. *Strategic Management Journal*, 2009, 30 (1): 61 – 80.

[192] Modigliani, F., Miller, M. H.. The Cost of Capital Finance and the Theory of Investment. *The American Economic Review*, 1958: 261 – 297.

[193] Morck, R., Yeung, B., Zhao, M.. Perspectives on China's Outward Foreign Direct Investment. *Journal of International Business Studies*, 2008, 39 (3): 337 – 350.

[194] Moreno-Badia, M., Veerle, S.. *The Missing Linkbe-tween Financial Constraints and Productivity*. International Monetary Fund Working Paper No. WP-09-72, 2009

[195] Mrázová, M., Neary, J. P.. *Selection Effects with Heterogeneous Firms*. CEPR Discussion Paper No. DP9288, 2013.

[196] Mukherjee, A., Marjit, S.. Firm Productivity and Foreign Direct Investment: a Non-monotonic Relationship. *Economics Bulletin*, 2009, 29 (2): 1 – 8.

[197] Musso, P., Schiavo, S.. The Impact of Financial Constraints on Firm Survival and Growth. *Journal of Evolutionary Economics*, 2008, 18 (2): 135 – 149.

[198] Muûls, M.. *Exporters and Credit Constraints: A firm-level Approach*. Brussels: National Bank of Belgium, Working Paper No. 139, 2008.

[199] Mwangi, D. N.. *Credit Access and Productivity among Micro and Small Enterprises in Kenya*. Doctorial Dissertation, University of Nairobi, 2014.

[200] Myers, S. C., Majluf, N. S.. Corporate Financing Decisions When Firms Have Information Investors Do Not Have. *Journal of Financial Economics*, 1984, 13 (2): 187 – 221.

[201] Nefussi, B.. Exports versus FDI: Evidence from Two French Industries. *Work*, 2006.

[202] Nocke, V., Yeaple, S.. Cross-Border Mergers and Acquisitions vs. Greenfield Foreign Direct Investment: The Role of Firm Heterogeneity. *Journal of International Economics*, 2007, 72 (2): 336 – 365.

[203] Nocke, V., Yeaple, S.. An Assignment Theory of Foreign Direct Investment. *The Review of Economic Studies*, 2008, 75 (2): 529 – 557.

[204] Nunes, P. M., Tiago, N. S., Zelia, S.. Firm Leverage and Labor Productivity: A Quantile Approach in Portuguese Firms. *Applied Economics*, 2007 (39): 1783 – 1788.

[205] Oldenski, L.. Export versus FDI and the Communication of Complex Information. *Journal of International Economics*, 2012, 87 (2): 312 – 322.

[206] Rajan, R., Zingales, L.. What do We Know about Capital Structure? Some Evidence form International Data. *Journal of Finance*, 1995 (50): 1421 – 1460.

［207］Rodrik, D.. Who Needs Capital Account Convertibility? Princeton Essays in International Finance. Dissertations and Theses-Gradworks, 2010（1）: 348 – 375.

［208］Ryubei, W., Todo, Y., Sato, H., et al.. *The Internationalization of Japanese Firms: New Findings Based on Firm-level Data*. RIETI Discussion Paper Series, No. 08-E-036, 2008.

［209］Spearot, A. C.. Firm Heterogeneity, New Investment and Acquisitions. *The Journal of Industrial Economics*, 2012, 60（1）: 1 – 45.

［210］Stiglitz, J. E., Weiss, A.. Credit Rationing in Markets with Imperfect Information. *The American Economic Review*, 1981, 71（3）: 393 – 410.

［211］Todo, Y.. Quantitative Evaluation of the Determinants of Export and FDI: Firm-Level Evidence from Japan. *The World Economy*, 2011, 34（3）: 355 – 381.

［212］Varela, L.. *Reallocation, Competition and Productivity: Evidence from a Financial Liberalization Episode*. Meeting Papers. Society for Economic Dynamics, 2015.

［213］Wakasugi, R., Tanaka, A.. *Firm Heterogeneity and the Choice of Internationalization Modes: Statistical Evidence from Japanese Firm-level Data*. RIETI Discussion Papers, No. 09-E-024, 2009.

［214］Whited, T. M., Wu, G.. Financial Constraints Risk. *Review of Financial Studies*, 2006, 19（2）: 531 – 559.

［215］Wolf, B. M.. Industrial Diversification and Internationalization: Some Empircial Evidence. *Journal of Industrial Economics*, 1977, 26（2）: 177 – 191.

［216］Yeaple, S. R.. Firm Heterogeneity and the Structure of US Multinational Activity. *Journal of International Economics*, 2009, 78（2）: 206 – 215.

［217］Young, S., Hamill, J., Wheeler, C., et al.. *International Market Entry and Development: Strategies and Management*. Harvester Wheatsheaf, 1989.

［218］Zejan, M. C.. New Ventures or Acquisitions. The Choice of Swedish Multinational Enterprises. *The Journal of Industrial Economics*, 1990: 349 – 355.

［219］Zervos, S.. *Capital Control Liberalization and Stock Market Development*. World Development. The World Bank, 1996: 1169 – 1183.